対話を楽しみ、学びを深める

算数指導

学びを深める

石田淳一 著

東洋館
出版社

はじめに

　算数の授業を子ども中心に進めたいと願う教師は多いと思います。子ども中心の算数授業を行うには子どもが「学び合いスキル」を身に付けることが欠かせません。学び合いスキルを身に付けた子どもの学び合う算数授業を見てみたいという要望を耳にします。本書に登場する子どもたちは4年間学び合いの授業作りに取り組んだ広島市立大町小学校の6年生です。全国各地からこの小学校に視察に来られるどの先生も、子どもが学び合う算数授業に驚かれます。

　本書は先に東洋館出版社から刊行した『20日間でできる 学び合いスキル30の算数指導』の続編です。子どもが「学び合いスキル30」を授業の中でどのように使い、子ども主体の対話的授業を実現しているかを知ることができます。取り上げた5つの授業事例には子どもの主体的・対話的に学ぶ姿にスキル番号をつけてあるので、「学び合いスキル」について授業に即して理解することができます。さらに本書の特徴は、各章の授業事例に対してポイントとなる場面の動画を用意していることです。読者は学び合いの算数授業の参観の疑似体験ができます。学び合いの算数授業のイメージを持つことができます。

　本書が算数の授業改善につながり、読まれた先生の算数の授業が劇的に変わることを願っています。

　最後になりましたが、本書の刊行にあたり東洋館出版社の畑中潤氏には有益な助言をいただきました。また編集作業には広島市立伴南小学校の朝川佳子先生の協力を得ました。本書に登場する6年生のみなさんや担任の国田多恵子先生には貴重な算数授業参観の機会をいただいたことを感謝申し上げます。

2021年9月

石田淳一

1

目　次

学び合う子どもの姿と「学び合いスキル」……9

主体的・対話的学びを支える教師の役割……29

みんなで考え、対話を楽しむグループ学習……57

対話しながら考えが変容する子どもたち………83

子どもが話し合いを進めるチーム学習のある授業………101

本書の使い方

（1）ページのレイアウトとマークについて

　章の扉には授業イメージがもてるように「授業の見どころ」「問題」「授業展開」を書きました。「学び合いスキル30」と連動させるため、本文中の主体的・対話的な子どもの姿にスキル番号をつけています。なお、本書の児童は全て仮名です。

「学び合いスキル」を授業
場面に合わせて記載

動画で確認
QRコード

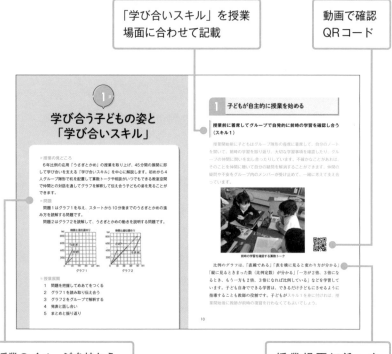

授業のイメージを持とう
■授業の見どころ
■問題
■授業展開

授業場面に沿った
「学び合いスキル」の
解説を記載

（2）各章のコンセプト

1章　実際の授業に沿って「学び合いスキル30」を理解したい！

　算数の学び合いの授業で「学び合いスキル」を使ってどのように対話を進めているかが分かります。

2章　授業の中で行う学び合いスキルの指導の仕方を知りたい！

　主体的・対話的な学びを支える教師の役割が分かります。「学び合いスキル」を指導しながらの授業の進め方を解説します。

3章　みんなが笑顔になるグループ学習や話し合いを見たい！

　みんなで支え合うグループ学習や学び合いに必要な子どもの役割を解説します。

4章　子どもの考えが変容する話し合いの授業を見たい！

　グループ解決後のつなぐ話し合いで、子どもの考えが変容する様子が分かります。

5章　子どもたちが主体となって進行する授業ってどんな授業かな？

　子どもだけで話し合いを進めるチーム学習についてご紹介します。

（3）　動画でも学び合う様子が分かる

　より授業の実感を持ってもらうため、本書は、対話の様子を動画でも確認できるようになっています。本書にあるQRコードから、動画配信サイトYouTubeへリンクしています。スキルや働きかけ、対話の様子などが1分から8分のコンパクトな動画になっています。（ご利用の際は、法令に従って適切なご視聴をお願いします）。

指し棒を使いながら班の考えを説明する

「学び合いスキル30」のチェックリスト

　学び合いの算数授業づくりを行うために、子どもに学び合いスキル30を指導することが必要です。そのために『20日間でできる 学び合いスキル30の算数指導』（石田淳一編著、東洋館出版社、2021）を出版しました。この本では学び合いスキルを指導された子どもの算数授業を紹介します。

- ☐ 1　自主的に前時の学習を振り返り、近くの子どもと交流し、確認する。
- ☐ 2　情報（絵・図・式・問題文など）が提示されたら、自主的に内容を理解して、「気づき」を見つけようとする。
- ☐ 3　見つけた「気づき」について近くの子どもと交流したり、クラスに伝えたりする。
- ☐ 4　問いに対するクラスの挙手状況を子ども自身で判断し、相談を要求したり、近くの子どもと算数トークしたりする。
- ☐ 5　学習のめあてを自主的に考えて提案しようとする。
- ☐ 6　解決方法や結果の見通しについて、自主的に考えたり、近くの子どもと交流したりする。
- ☐ 7　問題に取り組んで困ったとき、仲間に助けを求めて相談する。
- ☐ 8　グループで問題に取り組むとき、仲間と協力して話し合いながら解決を試みる。
- ☐ 9　グループ学習や話し合い場面で、自主的に学習しやすい場所へ移動する。
- ☐ 10　黒板の前に出て、黒板上の言葉・式・図・表などを指し示しながら発表や説明をする。
- ☐ 11　考えが途中まででも発表や説明をする。
- ☐ 12　聴き手の理解状況を確認しながら、分かりやすい発表や説明をする。
- ☐ 13　聴き手を巻き込んで、問いかけながら発表や説明をする。
- ☐ 14　黒板を使って、図・式・言葉をかきながら考えを発表したり説明したりする。

□15 仲間の考えにつなげたり、仲間の考えをもとに自分の考えを話したりするとき、仲間の名前を出して話す。

□16 仲間の発表や説明を考えながら聴く。

□17 仲間の考えを聴いたときに、考えを確かめたり、広げたりするために自主的に算数トークする。

□18 仲間の発表や説明を聴いて、クラスの仲間に自分の言葉で話す。

□19 仲間の発言を聴いて、自主的に助言したり、修正したりする。

□20 仲間の発表や説明が途中の場合には、続きを話したり、補足したり、言いたいことを自分の言葉で話したりする。

□21 黒板に出された解法を見て、自主的にどんな考えか、分からないところはないかなどを考え、質問したり、説明を要求したりする。

□22 仲間の発表や説明を聴いて、分からないことを伝えたり、質問したりする。

□23 考えを発表するとき、解決に役立った考え方や間違えそうになったことを話す。

□24 仲間の発言をつなげて話す。（異なる意見表明、理由を付け足す、例をあげる、詳しくする、まとめる、繰り返す）

□25 仲間の発表や説明を聴いて、共通点、相違点、関連性を伝える。

□26 考えを評価したり、よりよくしたり、捉え直したりする。

□27 問題を解決した後に、自主的にグループの仲間と解き方や答えを見せ合い、確かめる。

□28 自分でまとめを考え、相互に交流し、よりよいまとめを考えようとする。

□29 振り返りで、分かったこと、仲間から学んだこと、もっと考えたいこと、仲間とのかかわり方などを書いている。

□30 仲間と振り返りの交流をし、仲間の振り返りのよいところを見つけて知らせる。

学び合う子どもの姿と「学び合いスキル」

■ 授業の見どころ

　6年比例の応用「うさぎとかめ」の授業を取り上げ、45分間の展開に即して学び合いを支える「学び合いスキル」を中心に解説します。はじめから4人グループ隊形で机を配置し、算数トークや相談がいつでもできる教室空間で仲間との対話を通じ、グラフを解釈して伝え合う子どもの姿を見ることができます。

■ 問題

　問題1はグラフ1を与え、スタートから10分後までのうさぎとかめの進み方を読解する問題です。

　問題2はグラフ2を読解して、うさぎとかめの動きを説明する問題です。

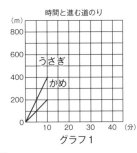

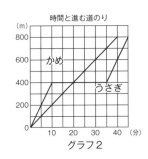

■ 授業展開

1　問題を把握してめあてをつくる
2　グラフ1を読み取り伝え合う
3　グラフ2をグループで解釈する
4　発表と話し合い
5　まとめと振り返り

子どもが自主的に授業を始める

授業前に着席してグループで自発的に前時の学習を確認し合う（スキル1）

　授業開始前に子どもはグループ隊形の座席に着席して、自分のノートを開いて、前時の学習を振り返り、大切な学習事項を確認したり、グループの仲間に問いを出し合ったりしています。不確かなことがあれば、そのことを仲間に聴いて自分の疑問を解消することができます。仲間の疑問や不安をグループ内のメンバーが受け止めて、一緒に考えて支え合っています。

前時の学習を確認する算数トーク

　比例のグラフは、「直線である」「表を横に見ると変わり方が分かる」「縦に見るときまった数（比例定数）が分かる」「一方が2倍、3倍になるとき、もう一方も2倍、3倍になれば比例している」などを学習しています。子ども自身でできる学習は、できるだけ子どもにさせるように指導することも教師の役割です。子どもがスキル1を身に付ければ、授業開始後に教師が前時の復習を行わなくてもよいでしょう。

チャイムが鳴ると自発的にクラス全体で前時の学習内容を伝え合う（スキル1）

　授業開始のチャイムが鳴ると、子どもどうしで「これから算数の授業を始めましょう」「お願いします」と座礼を行い、クラス全体で自発的な前時の学習の伝え合いが始まります。

チャイムが鳴ると始まる既習事項の伝え合い

チカ　前回は比例するグラフの特徴を学習しました。

リカ　比例するグラフの特徴は0から右上がりの直線になっていて、xが1増えるとyは4増えました。

ユカ　リカさんに似ていて、0の点から右肩上がりの直線でグラフがかけました。

ハルカ　前の問題ではきまった数は$y \div x$をして4でした。

　子どもが相互指名しながら伝え合っています。チカが比例のグラフの学習をしたことを伝えるとリカ、ユカはそのグラフの特徴を話し、さらにハルカは右上がりの傾きを表すきまった数の求め方を話しています。

　復習場面も「聴いて考えてつなぐ」スキルを磨く機会になっています。

2 黒板の挿絵やグラフを見て、気づきを伝え合う

グループの仲間を気遣かう（スキル4）

　友達の発言の意味が分かりづらいこともあります。グループの仲間が分かっていないようであれば仲間を気遣い、自分や友達の発言内容をやさしく説明してあげることは学び合いの基本です。

グループの仲間にやさしく声をかける

　写真の1班の子どもは黒板に貼られたうさぎとかめの挿絵を見て、どんな算数の問題ができそうかを考えて仲間に伝えています。気づきの交流で、1班は「時間と距離」「速さは？」「時間を求めるのかもしれない」「時間はかめとうさぎで同じ？」「距離は同じ。時間は違う。しかし速さが違う」「道のりは同じで時間が違う」が話されています。このとき、仲間を気遣い、仲間にやさしく発言の意味を説明している姿が見られます。

クラス全体で見つけた気づきを自発的に交流し合う（スキル3）

　グループで気づきの交流をした後に、子どもが「始めましょう」と呼

びかけると、自主的にクラス全体で気づきを伝え合います。授業の進め方を理解していれば、授業の運営は子どもに任せられます。

　クラス全体の気づきの交流で「うさぎとかめの速さの問題」「同じ道のり」「同じ距離を走る」「時間と速さを比べる」が出されました。黒板の挿絵だけから時間、距離、速さを求める問いを作ることができました。この後、10分後までのうさぎとかめの動いた様子を表すグラフ1を黒板に貼ると、子どもは思い思いに気づいたことをグループの仲間に話しています。その後、教師がグラフ1を印刷したプリントを全員に配布して、今日のめあて「グラフから場面の様子を読み取ろう」を子どもと一緒に作りました。

確信が持てなくても自分の考えを話す（スキル11）

　学び合いの大切な指導に「間違っていてもいい、途中でもいいことを知る」があります。助けてくれる仲間がいるから自分の考えに自信がなくても、途中であっても安心して話せます。

途中まででも自分の考えを仲間に話す

　算数トークの後に教師から「気づきはありませんか？」と問われると、多くの子どもが挙手し、クラス全体での気づきの交流が始まります。

　ユウが「うさぎはかめの2倍になっています」と自信はなかったよう

ですが、自分の気づきを話すことから話し合いが始まりました。ユウの説明は何が2倍であるかが示されていませんが、考えが途中まででもいいから自分の考えをクラスの仲間に伝えることを大事にしようという姿勢が見られます。途中でもいいから発言できるのは、仲間が聴いてつなげて補ってくれることを確信しているからです。授業中の子どもの発言は完成されたものではありません。だからこそ、聴き合いながらつなげてよりよくすることができる授業像を子どもが共有することは、学び合いのクラスづくりには欠かせません。

　次にリカが「根拠とかは分からないけど、うさぎの方が速く歩いているので、うさぎさんはまだ眠っていない」とスタートから10分後までの提示されたグラフから2匹が歩いていることを話しました。オトが「同じ時間ならうさぎの方が距離が進んでいる」と、リカの発言「うさぎの方が速く歩いている」を言い換えています。

つないで、よりよい説明に高める（スキル24）

仲間の話をよりよくできないかと考えて聴くことで、つないでよりよい説明に洗練することができます。

　3人の話を聴いたヒロは、ユウとオトの発言につなげて「10分間に進んだ距離はかめは200mだけれど、うさぎは400mだから、かめの走った距離の2倍がうさぎの距離。今うさぎがいるところ」と具体的に「2倍」「距離」のいう2つのキーワードを使って説明しました。これは関連付けて聴くというレベルの高い聴き方です。

仲間の発言が終わるとすぐにグループ内でその発言内容を確認し合う（スキル17）

クラス全体の話し合いでは、全員が同じように理解できるかどうか分かりません。仲間の話を聴いたら、何を言いたいのかを30秒以内でグループで算数トークして確認してよいことを教えれば、子どもどうしの算数トークが自発的に行われます。

発言内容を確認し合う算数トーク

　ヒロの発言の後、教師が「2倍の根拠、分かりましたか？」と問い返し、子どもの挙手状況を見て、相談を指示して算数トークをさせました。問い返しの後、子どもから「はい」や「もう一度言います」の反応がありましたが、クラス全体の理解状況を判断し、全員の理解を図るためにグループ相談をさせたのです。「相談させる」は教師の働きかけの1つです。ついつい教師が「分かりましたか？」の後に説明してしまいがちです。対話のあるクラスでは子どもに聴き返して子どもに発言させます。30秒程度の相談後にチエが「うさぎは400m、かめは200m進んでいます。だから400mは200mの2倍です。だから2倍になっている」とヒロの説明を繰り返しました。この発言を待って教師が「うさぎは10分間で400m、かめは10分間で200m」を板書しました。

3 できるところまで自分の力で解いたり発表したりする

　グラフからの読み取りの伝え合いの後に、教師はうさぎとかめの速さを計算で求めさせました。与えられたグラフでは距離と時間が示されていますが、速さは示されていません。教師が直接、「うさぎとかめの速さを求めなさい」と言わず、「まだ分かることはないか」と問い返し、子どもから「分速です」を引き出してから、うさぎとかめの分速を求める個人学習に入りました。

個人学習場面で困ったときは自発的に子どもが仲間に相談できる（スキル7）

　グループ隊形で個人学習をするときも、もし個人で進めていて困り、相談したい場合は、グループの仲間に相談することを教えます。個人学習の場面で「誰とも相談してはいけません」と指示する授業を見かけますが、考えているときに分からなくなったり、確認したくなったりしたときに、仲間に聴くことはむしろ望ましい態度です。分からないときに仲間が支えて助けてくれるのがグループ隊形の学習のよさです。

仲間にいつでも相談できる

　授業中に教師から出される発問の中でも既習事項の活用で解決できる基本の問いかけには全員が挙手できるようにしたいものです。挙手でき

ない子どもがいた場合は教師は相談を促したり、自主的な相談が始まるのを待ったりします。グループ隊形は子どもにとって仲間に助けを求めやすい空間です。算数が苦手な子どもも、教室がこのような学びの空間であれば発表場面で挙手できるようになります。

　教師の発言に注目すると授業の中で学び合いスキルの指導をしていることが分かります。「自信のない人から言えるといいですね」と発表場面では話しづらい子どもを意識して、最初は不十分でもいいから自信のない人から発言していき、みんなで聴き合いながらよりよい考えに高めていくようにしました。挙手したヨシを指名しました。ヨシはノートを見て仲間を見ていません。そこで、教師が「みんなの方を見て」と仲間を見て話すように指導しました。ヨシは「かめの速さは $y \times 10 = 200$ から $y = 20$ を出して分速20mです」と答えています。続いてマサが「うさぎの速さは10分で400m、道のり÷時間＝速さから $400 \div 10 = 40$ で分速40mです」と詳しい説明をしてつなげました。すると教師がすかさず「マサが公式をちゃんと言ったのがよかったです」と根拠を伴った説明ができたことをほめています。この後、グラフ2を提示する前にどんなグラフになるか予想させると、グループ内で算数トークが始まりました。

自分の考えと同じか違うかを考えながら聴いて、自主的に異なる意見を表明する（スキル16、24）

　ユカが、黒板の前に出て「うさぎは比例していくと思うのでまっすぐ、直線になると思います」と、直線のまま進むと予想し話しました。すると、うさぎが休むと予想していたヒナは「この物語ではうさぎが寝る時間があるので、直線にはならない。水平になるところがあると思います」と異なる意見を話しました。これに続いてチエがかめについては「かめは同じ速さで行っているので、直線になると思います」とつなげました。3人の児童も教師の指名を待たずに自発的に発言しています。

4 グループで問題を協力して解決する

　教師が黒板にうさぎとかめの10分後からの進み方を表したグラフ2を示し、グラフ2のプリントを配布しました。各自は配られたグラフ2を読み取り、うさぎとかめの進み方をノートに言葉で表現しました。その後、グループ学習が始まります。課題はグループでうさぎとかめの進み方を表す説明文をホワイトボードに書くことです。

子どもが自分の判断で、学びやすい場所へ動く（スキル9）

　グループ学習のときは、メンバーと一体となって学習できるように見やすく書きやすい場所へ自分で判断して移動します。進んで仲間の考えを聴いたり、仲間と話し合ったりして考えをホワイトボードにまとめたりすることが大切です。クラス全体の話し合い場面でも、座席が後ろの子どもは黒板の前など学びやすい場所へ動いてもよいことを教えることが大切です。

ボードをかこみ、話し合い、まとめる

グループの仲間を支える（スキル8）

グループ学習は協同的問題解決学習です。算数が苦手な子も得意な子も協力してアイデアを出したり、分からないことを質問したりして、お互いを尊重して解決に向かいます。

仲間を支えながら進むグループ学習

1班のグループ学習では、メンバーが、リョウのことを気遣いながら学習を進めています。

アヤの発言に対して、サキがリョウに、グラフ2を指し示しながら「10分間でうさぎが何m？」と問いかけて、リョウの理解状況を確認しながらゆっくり説明しています。その状況を見たハルカとサキが、ともにその説明を理解しているかをリョウに確認していました。

このように1班はメンバーを支えながらホワイトボードをまとめました。メンバーの発言をグループのみんなが理解できることを目指している姿と言えます。リョウもメンバーの助けを受け入れ、共に学んでいます。

5　みんなで話し合う

　グラフ2の読み取り問題をグループ学習した後のクラス全体の話し合い場面です。話し合い場面で子どもが主体的・対話的に学び合う姿を見ていきます。

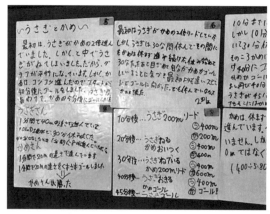

黒板に出されたグループのボード

黒板に出されたボードを自主的に見合い、話し合いの準備をする（スキル21）

黒板に出されたボードをしばらく見合う

　グループ学習が終了すると、各グループのボードが黒板に貼り出されます。そして、他の班のボードを見て、指示されなくても他班の説明文を読んでいます。あちこちで算数トークをしながら読んでいます。自分たちと同じかな？　違うかな？　表現の工夫はないかな？　正しいかな？　など考えながら読んでいます。疑問や質問したいこともこの時間に準備しています。

　教室の後ろのグループの子どもは、前に来て座り、黒板に出された考えをしっかり見ています。

他班の解法を見て、考えが異なれば自主的に自分の考えを話す（スキル21）

　黒板に出された他班のボードの説明文が自分の班の考えと異なれば、自主的に異なる考えを伝えます。また考えが同じであっても説明の仕方が違えばそのことを伝えます。このように、考えや表し方の違いを伝えることで、それが起点となり、つなぐ話し合いができるようになります。つなぐことで考えが洗練されていきます。

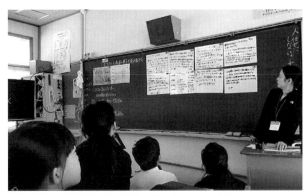

黒板上の各グループのボードを見合う

　教師が「気になる班はありますか？」とたずねると、「5班の説明文について話を聴いてみたい」という要求が出たので、5班の発表から始

まりました。目的を持って話し合うことが大切です。

【5班のボードの説明文】

『最初はうさぎがかめの2倍進んでいました。しかし、途中でうさぎが寝てしまいました。だからグラフが平行になっています。しかし、かめはコツコツ進んだので、スタートから40分後にゴールしました。うさぎはあわててかめの5分後にゴールします。』

モトが「5班は寝てしまいましたというのは、グラフからではなく、お話からのような気がする。めあてに沿っていない」と意見を表明しました。

続いて、5班の説明を支持するリョウが「でも寝ているも正解です。シーンと進んでいる部分があるじゃないですか。水平に進んでいる部分が寝ていることだから、それもグラフで読み取ったことになる」と反論しました。さらに5班やリョウを支持するヒナが「その言い方だと、寝ているというより進まずに止まっている」と言い換えることを提案しました。その直後、誰かが「休んでいる」とつぶやきました。「休んでいる」という言い方の方が寝ていることに限定せずに、グラフの状態を包括的に表しています。このようなよりよい表現が生まれたのも、子どもがつないで話し合いを進めることができたからです。

5班の説明文の話し合いが終わり、ヒロが2班の考えを説明します。

黒板の前で仲間に向かって自分の考えを話す（スキル10）

自分たちの考えをみんなに理解してもらいたいと思えば、どこでどのように話せばよいかを考えます。算数の授業では、自分の席で考えを話すより黒板上にある言葉、数、式、グラフ、表などを指し示しながら説明する方が聴き手がよく理解できます。また聴き手が話し手の考えをよ

指し棒を使いながら班の考えを説明する

【2班のボードの説明文】

『最初はうさぎがかめの2倍リードしていた。しかし、うさぎは30分間休んでその間にもかめは休まずに進み続けた。休み始めて30分経った後、目覚めてかめがゴールしていることに気づき、最初より速いスピードでゴールに向かった。でも休んでいないかめが勝った。』

ヒロ　最初はうさぎはかめの2倍リードしていたけど、うさぎは途中の10分から40分までの30分間休んでいたけど、でも40分経ったときに目覚めて、かめがゴールしそうなことに気づいて、うさぎは追いつきたいから最初はこれは、

C　最初のこれ？

ヒロ　序盤、10分間で200m進んでいたけど、こっちは5分間で800m進んでいるから。

C　5分間で400m

ヒロ　あ、そうか。言い直します。こっちは5分間で400m進んでいるから、序盤の速さよりも気づいて走った速さの方が速くなります。

23

T　もっと詳しく言えない？　もっと速くしか言ってないよ。

C　分速？

（相談）

モト　さっきヒロが言ったのを言い換えて、最初のうさぎの10分
　　　間は分速40mということが分かりましたよね。

C　はい

モト　ということは、さっきの分速を求めるのを使ったら40分か
　　　らうさぎが400m進んでて800mまでは何m進んでいますか？

C　400m

モト　400m進むのに何分かかっていますか？

C　5分

モト　ということは、さっき分速を求めるときに使った式を使った
　　　ら、400÷5で何mになりますか？

C　80m

モト　ということは分速80mなので、最初の進んでいた分速40m
　　　より速いということが分かります。

（算数トーク）

カホ　分速ははじめの2倍になっていると思います。

　5班のボードの説明文にはうさぎが何分休んでいたかは書かれていま
せんでした。2班のヒロは30分休んでいることが書かれているので、
これをクラスの仲間に伝えたいと思い、黒板の前で指し棒を使って説明
しています。

仲間の発言を聴いて分からなければ分からないの反応をし、修正が必要なら修正を助言する（スキル19）

仲間の考えを聴いて分からないことを話し手に伝えたり、間違っていたらそれを教えてあげることは子どもが自らすべきことです。子どもが「自分から行動することを知る」ことも大切な学び合いの指導です。

ヒロの説明の中で「最初のこれは」の意味が分かりづらく、子どもから「最初のこれ？」とはどういう意味なのかという質問が即座に出されました。また「こっちは５分で800m進んでいるから」には、聴いている子どもから「５分間で400m」と助言されて、ヒロは間違いに気づいて「こっちは５分間で400m進んでいるから、序盤の速さよりも気づいて走った方が速くなります」と正しく言い直しました。

子どもの発言が誤っている部分があっても、聴き手の子どもは気づかないことがあります。仲間の発言を注意深く聴こうとする子どもは、また仲間を支えることの大切さを理解しているので、修正のための助言をします。これも学び合いスキルの指導をすれば、すぐにできるようになります。

ヒロの説明には、うさぎの速さが速くなったことがありますが改善の余地が残されていたので、教師が「もっと詳しく言えないか」と詳しく話すように促しました。

仲間の名前を出して、発言をつなぐ（スキル15）

仲間の名前を出して発言をつないで発言すれば、仲間を大切にしていることが明確になります。

モトは「さっきヒロが言ったのを言い換えて」と伝えてから、うさぎ

の分速40mを付け足しました。

つなぐことを促した後に算数トーク（相談）が始まる（スキル17）

　教師の問い返しに、誰かが「分速？」とつぶやいています。すぐに算数トーク（相談）が始まりました。教師から「相談しなさい」のような指示がなくても、子どもが近くの子と相談を始めます。これは学び合いのあるクラスの特徴です。

聴き手を巻き込んで理解状況を確認しながら説明する（スキル13）

仲間に問いかけながら説明することで聞き手の理解も容易になります。また、分かってくれたかどうかも話し手は把握することができます。

　相談後にモトが聴き手を巻き込みながら「……ですね」と話しています。自分の考えを、みんなが理解できるように理解状況を気にしながら話すことは大切です。

聴いて別の言い方ができないか、付け加えることができないかを考える（スキル24）

　モトの説明が終わると、算数トークが行われ、その後、カホが速さが2倍になったということを付け足しています。

　5つの聴き方の指導（石田、2021）をすれば、仲間の発言を聴いて考えるようになります。対話的な学びは仲間の発言を聴いて主体的に考えることから始まります。この連鎖が深い学びを導くことになるでしょう。

石田淳一（編著）（2021）『20日間でできる学び合いスキル30の算数指導』東洋館出版社

6 みんなでまとめをつくる

子どもの言葉でまとめをつくる（スキル28）

　まとめは子どもが本時目標と照合して分かったことを整理する活動です。まとめをつくる活動では、子どもが1人でまとめをつくることが理想です。そのために、例えば、自分でまとめを考える、次にグループで考えの交流をし、グループのまとめをつくる、最後にクラスでまとめを発表し合い、教師は子どものまとめを生かして板書するという手順が考えられます。

自分の考えを仲間に向かって話す

　話し合いの場面では、5班と2班のボードが取り上げられて、説明文をどう改善すればよいかが話し合われました。まとめの場面では、グラフの様子をよりよく説明するポイントを子どもに発表させる「今の時点では分速何mで走っているとか分速を説明文に入れる」「うさぎが目覚めた後の分速を加える」「うさぎが何分間休んで何分間走ったかを書いてく詳しく説明する」が出され、教師がこれらを板書してまとめをつくりました。

授業後も学び続ける

　45分間の授業が終わって休み時間になっても、算数の授業に没頭している子どもはしばらく授業の余韻が残り学びを続けています。

仲間と発展問題の解答を見合う

　全体の話し合いの最後に改善すべき事柄を共有した後に、教師が学習の整理を指示し、子どもが自分の席にもどり、説明文に書き加えたりして、自分が納得した説明文を書いています。

　さらに教師から「うさぎが速くゴールするならどういうグラフになるかな？」「うさぎとかめが同時にゴールするならどういうグラフになるかな？」というチャレンジ課題が出されました。教師の意図は家庭学習用の宿

題のつもりでしたが、チャイム終了後の子どもはグループ内やグループ外の子どもどうしで自分のかいたグラフを見せ合い、意見交換していました。

主体的・対話的学びを支える教師の役割

■ 授業の見どころ

　子どもの主体的・対話的な話し合いを実現するための教師の役割を解説します。6年の関数の考えを活用して問題解決をする2時間連続の授業です。

　導入の3段のピラミッドの気づきの伝え合いや100段目の色板の枚数を求める解法の話し合い場面では、関数的な考え、帰納的な考え、演繹的な考えを働かせ、対話しながら思考する子どもの姿を見ることができます。

■ 問題

　△と▼の色板を使って、3段のピラミッドを作りました。同じように100段のピラミッドを作るとき100段目には△と▼の色板は合わせて何枚必要ですか。

　この問題は関数的考えを働かせて、表を作り、変化や対応の規則性を見つけることで解決できます。

■ 授業展開（2時間扱い）

　（1時間目）

1　3段のピラミッドを見て気づきを伝え合う

2　問題を理解し、めあてをつくる

3　見通しを話し合う

4　グループ解決する

　（2時間目）

5　クラスで解法を話し合う

6　学習の整理をしてまとめをつくる

気づきの伝え合いを支える教師

　教師が何も言わずに、△と▼の正三角形のパーツを交互に黒板に貼りながら3段のピラミッドを作ってみせました。すると、3段のピラミッドの「気づきの伝え合い」が自然に始まります。

　3段のピラミッドの見た目の気づきだけでなく、算数の問題を見出したり、数量関係を発見したりと気づきの質が高まっていきました。

3段のピラミッドを見て気づいたことを話し合う

　導入場面の授業記録です。左の欄の学び合いを促す教師の役割に注目してみましょう。

教師の役割	授業記録
気づきを引き出す情報提示	T　（△を貼る）
	C　正三角形です。
	T　見てください。（2段目、3段目を貼り、3段のピラミッドを作ってみせる）
	ミサ　3段になっている。
待つ	（待つ）（算数トークが始まる）
相談を促す	T　こんなときはどうするの？
	C　相談しませんか。

	（相談）
	C　発表しませんか。
	リサ　小さい正三角形をくっつけて大きい正三角形にしています。
	リカ　３つの下を向いている逆三角形（▼）だけグレーなので、白い三角形がまわりにあります。
	C　あー。
段に注目させる	T　今、何段ですか？
	C　３段です。
	T　１段目、２段目、３段目、段に注目してもらいます。
	（算数トーク）
	サクラ　２段目は逆の正三角形が、３段目になると２つになって、段が増えるごとにグレーの三角形の数が増えます。
	オト　付け加えがあります。グレーの三角形だけでなく、白い三角形も増えていく。
	C　あー。
△についてつなげることを促す	T　上向きの三角形（△）は？
	（算数トーク）
	ユウ　白い三角形（△）が１個ずつ増えている。
	T　それで終わりですか？
	アキラ　グレーの三角形（▼）も１つずつ増えています。
観点変更を促す	T　他の言い方はできませんか？
	コウ　グレーの三角形（▼）の数は白い三角形（△）の数－１で求められます。
	C　あー。
Cの気づきを問い返す	T　あーと言った人、どう言うの？
	C　もう一度言います。
	T　そうだね。
	アヤ　白い三角形（△）－下向きの三角形（▼）をすれば、
	モト　助けます。コウが言いたかったのはたぶんだけど、白い三角形（△）－１をすればグレーの三角形（▼）の数が求められるということだと思う。

つなぐことを促す 問いかけるよう促す	T　詳しくつなげて。例えば、 ハルカ　例えば、2段目だったら、 T　2段目見てください。 ハルカ　2段目を見てください。2段目は白い三角形（△）は何個ありますか？ C　2つです。 ハルカ　この△－1に当てはめてみると2－1になって、グレーの三角形（▼）が1つになります。 T　板書　2－1＝1 C　あー。
全員理解のための再説明を促す	T　まだいまいちの人がいます。 ヒナ　（指し示しながら）2段目もこうなるということで3段目の△はいくつですか？ C　3つ。 ヒナ　3－1でグレーの三角形（▼）の数が求められます。

▌相談を促す働きかけをする

　相談は授業の中で大きな役割を持っています。学び合いのあるクラスでは教師が相談を適宜取り入れています。教師の発問や子どもの発言がよく分からない子どもにとって、相談は仲間からの助けを得る機会になります。相談には「考えを見出す相談」もあります。一人で考えるより何人かで相談する方がいろいろな考えが出やすいことも事実です。自発的な相談や算数トークをする子どもの姿が見られるかどうかは、学び合いのあるクラスの指標になります。

　教師の指示がなくても気づきを持てば自然に挙手します。これは自分たちで気づきを自主的に伝え合うことを理解しているからです。ミサの

発言の後、教師が待っていると、いくつかの班で相談が始まりました。教師は相談を広げるために「こんなときはどうするの？」と相談を促すと、子どもが「相談しませんか」とクラスの仲間に呼びかけ、相談が15秒行われました。ここでの教師の働きかけは、「学び合いスキル」の指導になります。子どもはいきいきとして班内の仲間と相談しています。笑顔も見られます。仲間との交流は20秒程度でも大切にしたいものです。「相談」は多くの子どもにいろいろな気づきを生み出します。

　相談の後に、リサが、大きい正三角形のパーツが「小さい正三角形」であることを話しました。次にリカが、２種類の正三角形のうちの▼に注目して３段目には▼が３つあることを話しました。ここで、教師がこのピラミッドは３段であることを告げて段に注目するように方向づけて、待っていると再び、子どもどうしの相談が始まりました。

　教師の方向づけと相談の後の子どもの発言は、相談前の子どもの発言と明らかに違います。サクラは２段目と３段目の▼の数の増え方に注目しました。この発言に続いてオトが△も同様に増えていること、そしてユウが△が１つずつ増えることを付け足しました。さらにアキラが▼も１つずつ増えると付け足しました。つまり見た目の気づきから数の変化に注目した気づきへと変容したことが分かります。

話し合いの質を高めるための声かけをする

　黙って子どもどうしのやりとりを聞くことは大事ですが、時には教師が子どもの話し合いに介入することで話し合いの質が高まります。

　３段のピラミッドの気づきの伝え合いでは、様々な気づきが子どもから出されました。ここで教師は段に注目させる助言をして方向づけることで、気づきの質を高めています。

子どもの発言を拾い、聞き返す

子どもの話を聴いて、重要な発言を拾い、クラスに返すことで、この発言の内容や価値をクラス全員が理解できるようになります。

アキラの発言の後、教師が「他の言い方はできませんか？」と観点変更を促しました。すると、コウが「▼は△−1で求められる」と▼と△の関係に気づく発言をしました。これはとても重要な気づきです。この気づきは、n段に△がn個並ぶことが分かれば、n段の△と▼の合計数も求められるからです。子どももその発見に対して「あー」と反応しています。

ここで教師が「あーと言った人、どう言うの？」ともう一度繰り返して仲間に伝えることを促しました。アヤは「△−▼をすれば」と言いかけましたが、これは△−1＝▼の別表現でした。そこで、モトは「コウが言いたかったことは、たぶんだけど△−1＝▼だと思う」と言い直しました。

子どもが仲間の話をしっかり聴いて、アヤやモトのように繰り返しクラスに伝えることで、コウの発見はクラス全員のものになります。

具体的に説明することを促す

子どもの考えが具体例を伴って説明できれば理解しやすくなります。具体的に説明することを求めれば、子どもの説明力を育て、理解を促すことになります。

見つけた関係を例を示して具体的に説明すれば、△−1＝▼の関係の理解を確実にします。そこで、教師が「詳しく。例えば」と促しました。するとハルカが前に出て、仲間に問いかけながら2段目を例に、△が2

個だから２－１で▼が１個であること
を分かりやすく説明しました。しかし
ながら、教師はまだよく分からない子
どもがいることを見取り、まだ分かっ
ていない子がいることを伝えると、ヒ
ナが、前に出てきて、３段目を例にし

て仲間に問いかけながら▼が２個であることを説明しました。

　気づきを伝え合う場面でも、子どものアイデアをよりよい表現にする
ことも必要です。段が増えるごとにその段目の枚数の増え方に注目して、
変化のきまりを見出したので、表にすることを指示して黒板に子どもに
表を作らせました。表にする指導によって、変わり方に注目する考えが
視覚化され、この表をもとにいろいろなきまり発見の足場となります。

新しいのきまり発見を導くグループ内の算数トーク

　気づきの伝え合いの中で△と▼の関係を見つけました。しかし、段数
が増えれば段目の△と▼の合計も増えるという関係に気づくことがなか
ったので、この点に注目させるために教師が「先生は別の見方をしまし
た」と再び観点変更を促しました。この後、算数トークを経て、カホが
クラスの仲間に問いかけながら１段のときは正三角形の枚数が１枚、２
段のときは３枚だから１段から２段に変わると正三角形が２枚増えるこ

とを話します。2段目から3段目でも2枚増えることを確かめましたが、まだこの増え方の規則性が分からない子もいるようです。

「分からない」を言う指導

教師は挙手が少ないことをクラスに伝えて、分かっている子にはまだよく分からない子を気遣い支えること、分からない子には分からないを言うことを指導します。

「分からない」と言うつぶやきを拾うと、「それを言いましょう」と働きかけ、「もう一度お願いします」と子どもが再説明を要求します。そこで、アカリが問いかけながら1段目、2段目、3段目のそれぞれの合計数を問い、1段目から2段目で＋2、2段目から3段目で＋2になる変わり方を説明しました。

見つけたきまりを表に表すように表現の工夫を助言する

子どもが表に表すことに気づかないときには、教師から2つの数量の変化を調べたときにどんな道具を用いたかを問いながら、表にすることを指導します。

子どもから変わり方のきまりが見つけられましたが、これを表にするという意見が出ないので、教師が「表で整理します」と言って、表に注目させました。しばらく待っていると、ヒロが黒板に表を書き始めました。

仲間に問いかけながら黒板に表をかいたり、増え方を追加したりするよう指導する

黒板で図・表・式を作るときに、黙って書くのではなく、自分の考えを話しながら板書するように指導します。仲間に問いかけながら、聴き手を巻き込んで黒板にかくことができれば、なおよいです。これらは学び合いスキルを指導すればできるようになります。

ヒロはクラスの仲間に問いかけながら、黒板に段数と三角形の総数の表を4段まで作りました。そして変わり方が＋2ずつ増えていくことを確認しました。この表ができると、モトが1段増えれば三角形の枚数は＋2増えることを言い、確認できました。

2　見通しの共有を支える教師

　気づきの伝え合いの最後に、教師が「どんな問題ができそうですか？」の発問から相談が始まり、「5段のときの三角形の枚数」や「9枚あるときのピラミッドの段数」などの問題が出され、「100段のピラミッドの100段目の三角形の枚数を求めましょう」という問題が与えられました。

見通しを相談するグループの話し合い

相談を促して見通しの共有を見守る

　子ども主体で見通しの相談やそれをクラス全体に伝え合うことで、さまざまな学びが生まれます。教師はできるだけ子どもどうしの伝え合いを辛抱強く見守ることが大切です。

　教師が見通しの相談を指示した後、マコが前に出て「1段は白い三角は1枚、2段目の白い三角は何枚ですか？」と問いかけながら「白い三角－1が黒い三角だから、白い三角は黒い三角＋1です」と説明しました。この説明を聴いたクラスの子どもは「分かった」という反応だけで

なく「どういうこと？」という反応もしました。

仲間の話を聴いて子どもが仲間に「どういうこと？」を伝える（スキル22）

「どういうこと？」という声を聴いたハルカが前に出て再説明をします。ハルカはマコの説明を聴いて理解した自分がまだ分からない仲間に再説明する役割を理解しています。仲間に「段数は1段目のときは白い三角は何枚？」「2段目は白い三角は何枚？」と問いかけ、仲間が「2枚」と答え、「白い三角の枚数は1段増えるごとに段数の数と同じように増えていく。ここまで分かる？」と理解状況を確認して「3段目の数は白い三角の枚数は？」ときいて3枚と答えさせ、「この3は段数の数と同じ。白い三角は段数の数になる」と説明しました。そして「黒い三角は白い三角－1だから白い三角が出ているので、100段目の数が出る」と話しました。2人の説明でみんながこの見通しを理解しました。

仲間の考えを推測するように促す声かけ

子どもの発言にはたどたどしくて、うまく表現できないものや考えがすぐには理解できないものがあります。教師が子どもの発言が分かりづらいからといってすぐに補足説明するのではなく、何を主張したいのかを推測するように問い返すことが大切です。

ハルカの説明の後にマサは別の考えを説明します。黒板の表に100段のときの三角形の枚数に□を書き加えて、「この100段になる前までに＋2が何回来ますか？」ときいています。これを教師は「マサは何をしようとしているのかな？」と投げかけ、表からきまりを見つける方法を想起させました。

3 グループ学習で子どもが考えた3つの方法

　4人がホワイトボードを真ん中に置いて顔を突き合わせ、話し合いながら解法を見出し、それをまとめていきます。

　グループ学習後に、8つのグループの解法がまとめられたホワイトボードが黒板に出されました。

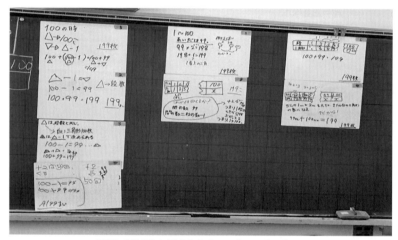

黒板に解法ごとに貼られた8つのグループのボード

　グループ学習後の黒板には、△の数－1＝▼の数の関係を利用した方法1、表を横に見て見つけた2ずつ増える変化のきまりを利用する方法2、表を縦に見て見つけた対応のきまり（求める段目の△の数＝前の段の段数＋求める段の段数）を利用する方法3が出されました。方法1と2はクラス全体で共有された見通しで出された考えを利用しています。

4 子どもが没頭するインフォーマルな学び合い

　授業記録のT（教師）とC（子ども）の発言に象徴される学習指導案の授業プランを反映する子どもどうしのやりとりではなく、教師が意図しないで、子どもどうしが自発的に集まり、算数トークや相談を始めるとき、インフォーマルな学びが起きていると呼ぶことにします。

　教師が予期しない子どもどうしの自発的な学び合いでは、自らの意思で学びたい子どもが黒板の前に集まり、黒板に出されたボードを見ながら解法について自由に算数トークをします。そこには子どもどうしの質問やその回答、新たな発見とそれを仲間と共有する姿も見られます。

黒板の前に集まり、白熱する算数トーク

　上の写真は、解法を貼り出した後の休み時間の教室の風景です。子どもが自発的に黒板の前に集まり、他班の考えを読み解こうとしたり、他班の子どもに説明を求めてそれを聴いていたり、仲間との質疑をすぐ横で聴いていたりする姿です。黒板に出されなかった方法（段の数×2－1＝その段の三角形の数）に気づいたマコは、その発見がうれしくて仲間に伝え、それを聴いた仲間もその考えが理解できたことを喜び、マコに代わって近くの仲間に伝えています。このようなインフォーマルな学び合いにいっそう注目した授業づくりが必要ではないでしょうか。

5 話し合いで深い学びを導く教師

（1）みんなが参加し分かる話し合いのための２つの鉄則

　２時間目はグループが考えた３つの方法が順番に発表されます。この授業では、多様な考えのそれぞれの価値を味わう独立型の扱いでまとめる話し合いが仕組まれているので、順次、考えが発表されます。ここでは、問題を解いた後のクラス全体の発表・話し合い場面で、クラス全員がそれぞれの考えを理解できるようにする話し合いの進め方の２つの鉄則を解説します。

方法１を指し棒を使い説明する

> ### 鉄則❶　仲間の考えを共有できるように確認のための算数トークの間をとる

　話し合いの場面で発表される考えをすべての子どもが理解しているわけではありません。発表を聴いて理解できる子もいればすぐに理解できない子もいます。そのため、聴いた考えを自分の言葉で別の子どもに伝えたり、聴いた考えについて互いに近くの子と確かめ合う算数トークを

したり、分からなければ助けを求め、教えてもらったりするわずかな
「間」（算数トークを行う）が必要です。このような間をとったり、算数
トークを促したりすることが大切です。

　まず3班のカナメが△－1＝▼を利用する方法1の考えを説明します。
「△は段数分の数なので100あります。

　▼は△－1で求められるので、100
－1をしたら99で、▼の枚数は99枚
あります。▼＋△で全部の100段目の
枚数が求められます。100＋99はいく
つになりますか？」と聴いている仲間
に問いかけると、仲間が199枚と答え
ました。

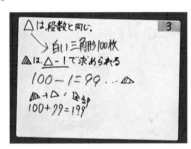

　この説明が終わると、教師は「大丈夫？」と方法1がクラス全員に理
解できたかどうかを子どもにきいています。この「大丈夫？」は、クラ
スのみんなが分からなければ分かるように「確認の算数トークを始めな
さい」ということを促す声かけです。そして、3班の方法1の理解の確
認のための算数トークが始まります。

　8班ではマコがコウに方法1の考えを一生懸命に説明しています。マ
コはコウに分かってもらえるように教えています。コウはマコの説明を
きいて分かったようで、今度は自ら班の別の子どもに「分かった？」と
きいて教えようとしています。コウは自分が分かったので、仲間にも分
かってもらいたいという思いを持ったのです。教えてもらった子どもが、
自分の言葉で仲間に説明しようとする態度は大切です。

　教えてもらって、「分かりました」と返すだけでは不十分です。今度は自分の言葉で話し、それを仲間に聴いてもらうことが必要です。このときうまく話せなくてもまず話すこと、足りない部分や間違いがあれば聴いている仲間が助けてくれます。

　コウは今度はクラスの仲間に自分の言葉で説明します。説明を始めようとしたとき、仲間から「みんなを意識して」と言われて、仲間を見ながら説明しました。「この△は段数と同じ数です。段数は100段です。ということはこの△は100個です。何段ですか？　100段ですね。▼は△－1で求められるから100－1は99です。100＋99で199になります」

　コウは根拠をあげて説明できています。コウが班で行われた算数トークで、仲間に教えてもらい、自分の言葉で仲間に再説明したことがみんなの前での説明を後押ししています。2つの鉄則は、子どもが仲間の前で説明できるようになる手立てを示唆しています。

（2）子どものつぶやきを拾い、深い学びを導く教師

　方法1の解法の説明が終わった後に、方法1のきまりを論理的に説明し合う活動を通して子どもたちは学びを深めます。ここで紹介する事例は見つけたきまりの理由をさらに対話を通して深く考える活動までを扱います。

　方法1は根拠として帰納的に見つけた△－1＝▼を用いています。しかしながら、なぜこのきまりの式が正しいのかの説明はできていません。そこで、このきまりでよい理由を考えるように問い返すと、子どもから

「相談しませんか」と呼びかけがなされて相談が始まりました。

子どものつぶやきやしぐさを拾い、クラスに伝えさせる

子どものつぶやきを教師が価値づけて拾い、それをクラスに伝えさせ
ることが大切です。つぶやきをクラスで共有することは問題解決の糸口
になるからです。

５段目の図を黒板にかいて考えることを伝える

相談している最中にモトが５段目の図をかいて仲間に説明しているの
に気づいて、モトにこの図をクラス全員に伝えるように促しました。

モトは、５段目の△を５つ書いてから、▼を４つ△の間に書き加えま
した。そこまでかいたところで「助けてください」と仲間に続きを考え
てほしいと表明しました。考えていた
ことが言えなくなることがあります。
そんなとき、聴いている仲間に「つな
げてください」と助けを求めてよいこ
とを指導しておくことは大切です。モ
トを助けるために、マサが５本の木を

かいて、間はいくつあるかをたずね、４つ間があることを確認してから、
「なので間というのは物の数－１だと考えられます。なのでこの間の数

45

が▼なので△－１だと思う」と植木算の考えで説明しました。

　マサの説明後に教師が「ペアの考えで説明できませんか？握手をする考えです。木と間を握手させる」という助言をしました。この助言によって、ヒロがマサが黒板にかいた木１本に間を対応させて説明しました。これをきいて「そういうことか」と分かった子が出てきました。

　ヒロの説明の後に分かった子とまだよく分からない子がいました。「間はどういうこと？」という仲間のつぶやきに反応したアカリは班のサキに「木と空間が握手している」と話しています。これを教師が拾い、「アカリは今何を言ったの？」と問うと、サキが「木と空間が握手している」とクラスの仲間に伝えています。間を空間と置き換えることで理解されました。クラスの子どもがヒロの説明を聞いて意味が分からないことを素直に表明し、その表明に自分の理解を伝える班の算数トークは主体的・対話的な学びの姿です。

　ここで、教師が「最後の木はどうなるの？」と問い返しました。子どもからは「一人ぼっちになる」という反応が返ってきます。続いて「１つ木が多い」「１つ間が少ない」という発言も出てきます。それでも「どういうこと？」と、まだ分からないを表明する子どもがいます。

「どういうこと？」を教師が拾い、「どういうこと？」を繰り返す

　子どもが「どういうこと？」とつぶやいたら、これを教師が拾って繰り返せば、「どういうこと？」が問いになって、近くの子どうしでの確認し合いが始まります。

グループの仲間に指を木に見立てて説明する

　△－１＝▼の式で、１の意味が分からないというつぶやきを教師が拾い、繰り返すことから算数トークが始まり、木と空間が握手することの意味を子どもどうしで確認し合いました。簡単にすぐに分かったと言わずに、納得できなければ「分からない」や「どういうこと」を言えることが学び合いのクラスづくりには大事です。

子どもの説明の後に教師が補足説明しないで、子どもどうしで確認し合う算数トークを促す

　教師がただちに補足説明すると、子どもは自分の理解が不十分なまま分かったつもりになってしまいます。子どもどうしで確認し合う算数トークによって、本当に分かっているのかどうかが明らかになります。

　算数トークの後に、４班のナホが黒板の図を指して、この１は余った１本のことだと言い、続いてカナメもナホの発言を繰り返しました。この後、この意味を教師がグループの算数トークで確認させました。４班では、トモがアキラに一生懸命手の指を使って説明しています。この説明でアキラは理解できたようです。そこで、教師はアキラを指名し、アキラは前に出て手の指を使って上手に説明できました。

数学的な考えを働かせて
深い学びをする子ども

　ここでは、話し合い場面における子どもの説明の仕方に着目して、数学的な考えがどのように働いているかを見ていきます。

（1）学び合いのあるクラスの子どもの話し方

仲間の名前を出して仲間の考えが役立ったことに触れて自分の考えを話す（スキル15、23）

　クラスの仲間の発言が、自分が考えるきっかけとなる場合は多いです。このきっかけをくれた仲間の名前を出して説明できることは、仲間を思いやっている証拠です。

表の変化のきまりを生かした方法2を説明する

　ヒロが方法2を説明します。「これはさっきマサがヒントくれて、1から＋2と言いました。1から100まで＋2の回数は99、さっき言ったように木が1個余るので、こっちから始めるので、100回分＋2があるんじゃなくて、99回ある。ここまで分かりますか？　＋2が99回あるので、99×2＝198（2×99が正しい）です。でもこの198は最初の1をたしていないので、一番目の△分の1をたして199です」

ヒロは、マサが導入場面の見通しで話した考えをヒントにしたことを伝えています。さらに、木の数と間の数の関係を例にして100段目までに＋2が99回あることを説明します。そして1段目の1枚を最後に加えて199枚と説明しました。この説明のよい点は、仲間の考えがヒントになったこと、増加分の求め方を簡単な場合で考えれば分かりやすいことを説明しているところです。

「そういうことか」と、この説明で納得できた子が反応します。しかし、分かる子もいればまだ分からない子もいます。いずれにしても反応を返すことが聴き手には要求されます。

分からない子に分かった子が代わりに説明し直す（スキル18）

ヒロの方法2の説明の後、一度の説明を聴いて理解できなかった子どもから「もう一度言ってください」と再説明の要求が出されました。そこで、別のグループのトモが代わりに説明します。

帰納的な考えを働かせて説明する

「さっき1から100の間は99と言っていましたね。この図を見ても分かるように3本の木があって、間は何個ありますか？」と問うと、「2個です」と反応があり、「それで間が2個ありますね。間が99個あってさっき＋2すると言ってました（表を指して）。だから×2をして198

になったけど、一番上のここの△をたして199枚です」と仲間を巻き込んで説明しています。仲間の説明を聞いて分かる子は、分からなかった子に自分の言葉で分かりやすく説明できることも大切です。トモの説明のよい点は黒板にマサがかいた3本の木を使い、間が2個あることをまず説明してから、△が100個を100本の木と考えて、間が99あること、つまり▼が99個あることを説明したことです。簡単な場合できまりを見つけて、問題の解決に生かすという考え方を説明に使っています。このような説明場面でも数学的な考えを働かせています。

考えながら聴いて自主的に仲間の説明の修正ができる（スキル19）

2人の説明にある式99×2は、2×99が正しいです。2人の説明を聴いたカホは、2×99と修正しました。教師が修正しなくても、考えながら聴いていれば、子どもどうしで修正できます。ですから、教師は子どもが気づいて修正の助言をするかどうかを見守っていればよいでしょう。

（2）子どもがつないで説明を洗練する

仲間の説明を聴いて、考えて、分かりやすく、詳しくなるようにつないで説明できる（スキル24）

子どもが聴いてつないで説明するとき、どう説明すれば分かりやすくなるか、詳しくなるかを考えてつなぐことを意識させることが大切です。

3人がつないで説明を洗練する

　方法3の説明場面の授業記録を見てみましょう。方法3は3人の子ど
もが説明します。3人のつなぎ方に注目しましょう。

カナエ　100段目の枚数は100段の前の99段をたして、99段たす
　　100段で199枚と考えました。

オト　例えば、5段目でいうと、三角形の数は9枚です。9を求め
　　るとき、1個前の段数の4たす5をすれば9枚になるのが分かり
　　ますか？　なので100段目のときは1個前の99段にもどって99た
　　す100段で199枚です。

トモ　この表を見てください。1＋2は？

C　3

トモ　2＋3は？

C　5

トモ　3＋4は？

C　7

トモ　このように前の段の数とその三角形の段をたしたら三角形の
　　数になります。だからこれと同じように、100段のときも99＋
　　100をすれば求められます。

カナエは、答えの出し方だけを話しています。オトは５段目を例にして、そのやり方を100段目に適用しています。簡単な場合を例にして考えを分かりやすく説明しようとしている点がよいところです。トモは、聴き手を巻き込みながら、２段目の求め方、３段目の求め方、４段目の求め方を順に説明して、共通のきまりを一般的な言葉に直してから100段目に適用して求めることを説明しました。トモは帰納的にきまりを見つけ、それを一般化して、問題解決に利用していることが分かります。数学的な考えを働かせて考えていることが、この説明から分かります。

（3）見つけたきまりの理由を問う教師

　方法３は、表から帰納的に考えて見つけた解法です。そこで、表と図を関連付けてきまりの意味を考え、説明させました。まず、子どもにきまりの理由を考えるように問いました。このとき、教師が考えるためのヒントを与えて、相談させます。

┃ 途中でもいいから自分の考えを話せることの大切さを教える

　「途中でもいい」は大事な言葉です。最初から完璧な解答や説明ができなくてもいい。途中でも自分の考えを聴いてもらい、それをもとに仲間がつなげてよりよい解答や説明ができればよいことを教えます。

　教師が方法３の理由の説明をたずねると、相談が始まり、アカリが３段のピラミッドで説明しました。「あっているか分からないけど、△が２個ある。３段目には△は３個ある。表は２＋３＝５で、ここ△２枚＋△３枚で５になったから」
　アカリの考えは、表の段数の２段目を２段目の△の枚数に、３段目の３を３段目の△の枚数に対応させています。この着想を生かして、教師がアカリの考えをクラスで確認してから上下を対にしました。

考えに自信がなくても発表する

　アカリの発言の後、相談して、２段目の△を▼に置き換えて、マコが「この２段目の△２つと３段目の▼２つは、上の△と下の▼の数は同じです」と発言すると、「あー」という声があがりました。これを100段目に対応させれば99段には△が99個、だから100段の▼は99個あることから、△100個に▼99個をたせば199個になることが分かったようです。マコの発言を引き出したのはアカリの発言です。

（４）自分の発見を仲間に伝えて学びを深める

　黒板に出された解法とは別に、自分で新しい解法を思いついたときに、その考えをクラスの仲間に何とか伝えたいという思いを持つことは大切です。対話ができる子どもは、自分の発見を自分だけのものとせずにクラスの仲間と共有したいと考えます。

　グループでの解決後に黒板に出された３つの方法の話し合いが終わると、マコから新しい方法４（（段の数）×２－１＝（段目の三角形の数）というきまりから100×２－１＝199の式で答えを求める）が提起されました。

自分の考えをみんなに知らせたい思いで説明する

自分の考えにこだわり続けて、仲間に話す子ども（スキル14）

　方法4は、グループ解決の結果として発表されませんでした。8班のグループ学習時にマコが気づいていましたが、8班のグループの考えとしては取り上げられませんでした。しかし、この考えのよさに気づいたマコは、話し合い場面で方法4を発表します。

聴き手を巻き込んで帰納的な考えを用いて説明する（スキル13）

　話をするときに、聴き手を巻き込んで話すことは聞き手にとっても考えながら聴くことができて理解してもらいやすいものです。

　マコは「この枚数の2を2倍したらどうなるの？」と表の2段の2を指しながらクラスの仲間に問いかけました。仲間は「4」と答えると、マコは続けて「それから1引いたら？」と問い、「3」と答えさせると、今度は表の3段目の3を指して「この3を2倍したら？」と問い、「6」と答えさせます。「それから1引いたら？」と問うと、「あー。5になる」

と大きな反応が起こり、それを聞きながら「だから100段の100を2倍したら200」と自分の発見した方法を説明したのです。すると「あ、すげー」と子どもから声が聞こえてきました。マコはさらに100×2＝200、200－1＝199を板書しました。マコの説明でも帰納的な考えが用いられています。そして聴いている子どもも最後まで説明を聞かなくてもその考えを分かったようで「すげー」が説明の途中で聞こえてきます。

見つけたきまりを用いて答えを求めた後に、きまりの理由を考えるように問い返す

　この説明をタカが再び繰り返し、教師がこの考えの意味を図で説明できないかと問うと、ユウの3段の説明につなげて、ヒロが「▼がもう一つあると考えて」3段目の左端に▼を加えて平行四辺形を作ってみせました。この場合、3段だから△は3個、上にも▼が3個です。しかし、端にある▼を1枚取ればピラミッドの3段目になります。このような視覚的な説明で子どもが「あー、そういうことか」と納得していました。

3 章

みんなで考え、対話を楽しむグループ学習

■ 授業の見どころ

6年の $\frac{3}{5} \div \frac{2}{3}$ の計算の仕方を4人で対話しながら協力して論理的に考え、計算の仕方を発見してホワイトボードにまとめる解法探索型グループ学習の様子を見ることができます。またグループ学習後の話し合いの場面の対話的な学びの姿を解説します。

解法探索型グループ学習ははじめからグループのメンバーが見通しや考えを出し合い、話し合いながら協力して解決するグループ学習です。このグループ学習は自力解決後のグループ学習と違い、グループのメンバーが話し合いながら解決していくプロセスを共有できるのが特徴です。この解決過程で算数が苦手な子もグループの一員として、仲間のやりとりを聴いて考えたり、分からないことを質問したり、仲間に教えてもらったりしながらグループ学習に参加できます。他方、自力解決後のグループ学習では、解決できた子どもが説明し、できなかった子どもは聞くだけになったり、各自の解法の発表に終わったりと一方通行になりがちです。

■ 問題

$\frac{2}{3}$ m の鉄の棒の重さが $\frac{3}{5}$ kg です。1 m の鉄の棒の重さは何 kg ですか。

■ 授業展開

1　問題把握

2　問題を考えるグループ学習

3　話し合う

4　まとめる

5　振り返る（家庭学習で行う）

学びを深める解法探索型グループ学習

（1）仲間を支え、ともに考え解法を発見する解法探索型グループ学習

　4班のグループ学習の様子を見ていきます。このグループ学習の特徴は、見通しを持ったヒロが仲間を巻き込んで協同的問題解決をしていることです。協同して解決する過程でハナやコウが素朴な疑問や分からないことを伝え、チカやヒロが回答しています。

　仲間とのやりとりで疑問や質問が生まれていることは、問題解決過程に全員が参加していることを表しています。このように対話を通して仲間と探索し、問題解決プロセスをどの子も共有できることが協同的問題解決のよさ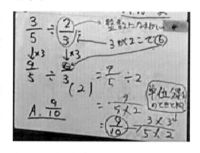です。そして、対話による相互作用によりヒロも逆数をかけること、分数÷単位分数のときと同じ方法が使えることに気づき、最終的にハナやコウも計算の仕方を理解しました。ヒロの「ひらめき」は協同的問題解決での対話から生まれており、自力解決という一人学びでは味わえない学びができていることに注目すべきです。

4班のグループ学習

次ははじめに見通しを話し合い、わり算の性質を使う見通しを持って計算方法を考えた4班のグループ学習の個人別発話記録です。番号は発言の順番を表します。

ハナ	コウ	チカ	ヒロ
			①式を書いて（ボードをハナに渡す）
②（$\frac{3}{5} \div \frac{2}{3}$ を書く）	③これをどうやってすればいい？		④ここが整数になればいい（「整数になればいい」を書いて$\frac{2}{3}$を囲む）
	⑤なんで？なんで？	⑥整数にすればいい	
	⑦なんで整数になったらできるの？	⑧分数÷整数だよ	
			⑨昨日、習ったよ
	⑩あ、そうなの？分数÷整数って、分数の分母に整数をかけるの？		⑪そうそう。それが整数になればいい
⑫こういうこと？（図をかく）			⑬そうじゃなくて（ハナの図を消す）3が2個で？
	⑭6個		⑮6になるでしょ
⑯これ（$\frac{2}{3}$）を3倍して $\frac{3}{5}$　$\frac{2}{3}$（2） $\downarrow \times 3 \downarrow \times 3$ ⑲$\frac{9}{5}$　$\frac{6}{3}$	⑱3×3＝9 $\frac{9}{5}$だよ		⑰2だよ

			⑳（$\frac{9}{5}\div\frac{6}{3}$ の÷を書く）
	㉑$\frac{9}{5}\div 2$		㉒（$\frac{9}{5}\div 2$ を書く）
	㉓あ、そうか。賢い魔法のようにできかけている	㉔$\frac{2}{3}$が整数になればいい	㉕3は整数になればいい。6は2の倍数だからここ（$\frac{2}{3}$の2を指して）が6になる
㉖ここは9になる? ㉘あ、そうか			㉗え?分子だけかけるよ ㉙これなら2×3が6でしょ。$\frac{6}{3}$になる
	㉛整数になるということ	㉚整数に直して ㉜$\frac{9}{5}\div 2$して	
	㉝そうか、答えは変わらない		㉞$\frac{9}{5\times 2}$になるじゃん
㊱（$\frac{9}{10}$を書く）	㉟$\frac{9}{10}$		
㊲（ボードに書いた計算の仕方を自ら説明している）			㊳あれ、これ単位分数と同じじゃない? $\frac{3\times 3}{5\times 2}$になっている
	㊴おー、ひらめきプログラム		

㊶これ、斜めになっているよ	㊷本当だ		㊵ひらめいた $\dfrac{9}{10} \rightarrow \dfrac{3 \times 3}{5 \times 2}$
			㊸逆数になっている。単位分数の時と同じだ
	㊹斜めにかければいいんだ		

場面❶　ヒロが仲間に参加を促したり、仲間の質問に回答する

　算数の得意な子にはどのようにグループ学習に参加し、仲間を支えればよいかを理解できるように指導することが大切です。仲間が「分からない」を言えたり、質問したりできることが大切だということを指導します。安心して「分からない」が言えるグループには、仲間同士の信頼関係ができています。

　ヒロはマーカーをハナに渡し、話し合った見通しで実行するように促しました。コウはまだよく分からないようで「これをどうやってすればいい？」と質問しています。この質問にヒロが $\div \dfrac{2}{3}$ を指してここが整数になればいいと伝えると、コウが「なんで整数になればいいの？」と再び質問します。このやりとりにチカが「分数÷整数だよ」と補足説明をしました。このやりとりを聴いて、自分で補足説明をすればコウが分かりやすいと考えたからです。コウは「分数÷整数」の計算の仕方を確かめる質問をし、ヒロは「そうそう。それが整数になればいい」と回答しました。ハナは $\dfrac{3}{5} \div \dfrac{2}{3}$ の除数に「整数にすればいい」と書き加えました。

　ここまでの短いやりとりから、ヒロはコウやハナが参加しやすいように、仲間の質問を待って回答していることが分かります。コウが除数が整数にできれば既習計算が使えるという見通しを持ったようです。

ハナは考えたことを声に出しながらわり算の性質を使って式変形しています。ヒロはそれを見守っているので、間違いがあればすぐに助言しています。コウも式を見て計算しているので、ハナに計算結果を伝えています。こうして、もとの $\frac{3}{5} \div \frac{2}{3}$ が $\frac{9}{5} \div 2$ へ変形できました。

ヒロがハナが書いた式を再度書き直します。そして除数が2になることを仲間に説明します。ハナは「×3を分母にかけなくていいの？」と質問すると、ヒロは $\frac{2}{3}$ に3をかけるときは分子だけにかけるんだと伝え、ハナも「あ、そうか」と確認できました。グループ学習に参加しているからこそなんでも質問できているのです。ヒロは先ほどの説明を繰り返しています。ハナに説明するためです。$\frac{6}{3}$ になったところでチカは「整数に直して」と助言すると、コウも $\div\frac{2}{3}$ が÷2になることやわり算の性質を用いた変形で答えが変わらないことを納得しています。

チカは $\frac{9}{5} \div 2$ を計算するように促すと、ヒロが $\frac{9}{5 \times 2}$ になることを言い、コウはその結果 $\frac{9}{10}$ になることを伝えました。計算過程を言語化しながら一緒に実行しているのが特徴です。

ヒロが $\frac{9}{10}$ を見て、分子が 3×3 で、分母が 5×2 になっているから、前時の分数÷単位分数の結果と同じであることに気づきました。そして「ひらめいた」と言い、その計算をボードに記しました。これをハナが

見て、もとの分数÷分数の式の被除数と除数の分子分母を斜めにかけていることを伝えると、コウは「本当だ」と驚いています。そして、ヒロが「除数を逆数にしてかければよいという結果」は÷単位分数のときと同じであることを発見しました。コウはハナの言い方を用いて「斜めにかければいいんだ」と言い直しています。

振り返りに仲間からの学びや仲間とのかかわりを書く（スキル29）

【ハナのふりかえり】

『はじめはぜんぜん分からなかったけど最後には分かってよかったです。わり算の性質と分数×整数と分数×分数と分数÷分数の計算すべての学習がつながっていたのでびっくりしました。ホワイトボードを書くときに私が分からなかったので書いてヒロが教えてくれました。そして最後にヒロが大きなひらめきをしました。そのひらめきは、$\frac{b}{a} \div \frac{d}{c} = \frac{b}{a} \times \frac{c}{d}$ということです。そしてみんなが分かったのでよかったです。』

この振り返りにはグループ学習時に班の仲間が教えてくれたこと、計算方法を発見したこと、それを理解したことが書かれています。グループ学習を通して分かるようになったことに加えて、わり算の性質や既習計算が分数÷分数の計算につながっていることに気づいた驚きも書かれています。これはハナが能動的にグループ学習に参加して探索過程をグループメンバーと共通体験できたことが大きいです。

（2）解決過程で解法が変更され、変更後の解法のよさを共有するグループ学習

グループ学習でははじめに決めた方針で解法がまとめられることが多

いです。しかし、グループのメンバーが途中で別の方針を提起することができ、メンバーもそれを受け入れる態度があれば、多面的に考えてグループとしてよりよい方法を見出すことができます。

　3班のグループ学習は、わり算の性質を使って、分数÷分数を分数÷整数に変形して答えを導いた後に、わる数の逆数をかける方法をユカが提案し、その提案をメンバーが共有し、方針を変更して、でき上がっていた計算の仕方の説明を書き直して、解法をまとめ

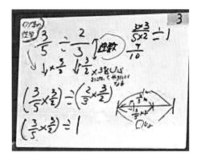

ています。さらに2つの方法を比較して逆数をかける方法が簡単であることを再確認しています。この班の特徴は仲間の提案を受け入れて方針を変更できること、2つの方法を比較し、修正した方法のよさを再確認していることです。

3班のグループ学習

以下は、３班のグループ学習の個人別発話記録です。

ヒナ	カナメ	ユカ	チエ
		①昨日まとめたときに $\dfrac{b}{a}\div\dfrac{1}{c}=\dfrac{b\times c}{a\times 1}$ があったじゃん。（自分のノートを指しながら）これを使えばできるんじゃないかと思うだけど	
②ホワイトボードに書いてみたら			③そこは１じゃないから ④$\dfrac{3}{5}\div\dfrac{2}{3}$は （式を書く） $\dfrac{3}{5}\div\dfrac{2}{3}$ ↓　　↓
	⑤わり算の性質使う？		⑥（「わり算の性質」を書く） ⑦$\dfrac{3}{5}$　$\div$　$\dfrac{2}{3}$ 　↓×3　　↓×3 $\left(\dfrac{3}{5}\times 3\right)\div\left(\dfrac{2}{3}\times 3\right)$ $\left(\dfrac{3}{5}\times 3\right)\div 2$ $\left(\dfrac{9}{5}\div 2\right.$　を書く）
	⑧途中式書いた方がいいよ $\dfrac{3\times 3}{5}$		⑨$\left(\dfrac{9}{5}\right.$を消して） $\dfrac{3\times 3}{5}\div 2$ $\dfrac{9}{5}\div 2$
		⑩わり算の性質使うんでしょ	
	⑪わり算の性質使う		

65

みんなで考え、対話を楽しむグループ学習

⑫ (「わり算の性質を使う」を書きなおす)	⑭ $\frac{9}{10}$		⑬ $\frac{9}{5 \times 2}$
			⑮ ($\frac{9}{10}$ を書く)
		⑰ここを× $\frac{2}{3}$ したら1にならない？	⑯この答えはここを×3しても変わらないから
		⑱× $\frac{3}{2}$ したら1にならない？	
	⑲どういうこと？		⑳こういうことでしょ。(×3を消して× $\frac{3}{2}$ を書く)
			㉑逆数をかけるあ、そういうことか1になる(式を書き直す) $\frac{3}{5} \div \frac{2}{3}$ 逆数 $\downarrow \times \frac{3}{2}$ $\downarrow \times \frac{3}{2}$ $\left(\frac{3}{5} \times \frac{3}{2}\right) \div \left(\frac{2}{3} \times \frac{3}{2}\right)$ $\left(\frac{2}{5} \times \frac{3}{2}\right) \div 1$
㉒ (チエの書いた「逆数」を〇で囲む)	㉓ ($\frac{2}{3} \times \frac{3}{2}$ を指して) ここが絶対1になる	㉔1で、こっちにきて	㉕ $\frac{3 \times 3}{5 \times 2}$ $\frac{9}{10}$
	㉖÷1でしょ		
㉗ (÷1を指す)	㉘÷1がいるよ(÷1を書く) $\frac{3 \times 3}{5 \times 2} \div 1$		
	㉚考え方は一緒だ		㉙考え方は一緒？

㉛（「わり算の性質」を書きなおす）			㉜×3をしても2になるよ
	㉝でもこっちの方が÷1になってやりやすくなる		

場面❶　**話し合いながらわり算の性質を使って、分数÷整数に直して計算する**

　ユカは前時の÷単位分数の計算と同じようにできそうだと見通しを伝え、カナメはわり算の性質を使うことを仲間に確認し、チエはこれを使って式変形し、わり算の性質を使うから答えが変わらないことを話しています。

場面❷　**仲間の考えを受け止めて分かった子が言い直し、グループのメンバーの理解を助ける**

　チエの「わる整数」の方法に対して、ユカが逆数をかけることを提案すると、この発言に対してヒナとカナメが反応して、どういうことなのかを質問しています。チエはその意図を理解し、÷1にしようとしていることが分かったようです。その結果、チエが解答を全部消して、ユカの考えで書き直しました。このとき、3班のメンバーと一緒に言いながら式を書いています。

場面❸ 新しい方法に対する理解をグループの考えに高め、
よさを理解する

　ヒナがカナメの方法の特徴である「逆数」について、ボードに明記し
ています。この後、カナメは逆数をかければ除数が「絶対1になる」と
言い、チエは式変形 $\frac{3 \times 3}{5 \times 2} \div 1$ を書いて $\frac{9}{10}$ を導きました。

　ヒナがグループの使った考え方について仲間に問いかけます。すると
カナメは、最初の考えも新しい考えも一緒と答えます。ヒナが「わり算
の性質」をボードに書いて、チエは最初の×3の方法でも分数÷整数に
なる点が同じことを主張しました。この主張にユカは÷2よりも÷1の
方が簡単であることを反論しました。

　2つの方法を見つけた3班は、グループ学習で2つの方法を比べてい
ます。このような比較ができるのは、2つの方法を班で共有できたから
でしょう。

Point　相互作用が見られるグループ学習の対話

　4班や3班のように解法探索型グループ学習の対話にはメンバーによ
る活発な相互作用が見られます。メンバーの素朴な疑問や解法への着想
がヒントになるからです。また、相互作用が生ずるのはメンバーの発言
を聴いて考えてつないでいるからです。発言の割合が均一でなくても構
いませんが、聴いて考えることの価値や反応して参加する意義を子ども
に教えるべきでしょう。

（3）グループ学習で子どもが考えた3つの方法

　8つのグループの解法は、方法1（わり算の性質を用いて、わられる
数とわる数に逆数をかけて分数÷1に帰着する方法）、方法2（わり算
の性質を用いて、わられる数とわる数に整数をかけて分数÷整数に帰着
する方法）、方法3（線分図を使って $\frac{1}{3}$ m あたりの重さを求めてから

$\dfrac{2}{3}$ mの重さを求める方法）の３通りにまとめられました。

方法１

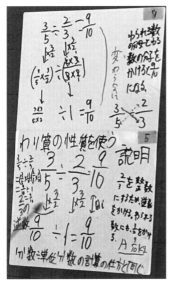

方法３

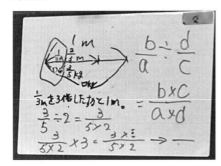

方法２

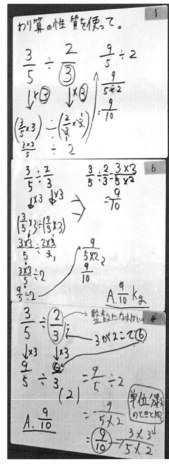

2

グループ学習後の子どもがつなぐ話し合い

　分数÷分数の授業の解法探索型グループ学習の後の発表・話し合いの場面を取り上げて、子どものつなぐ話し合いを導く教師の働きかけや子どものつなぎ方について解説します。

（1）つながる話し合いを導く教師の働きかけ

　グループで考えた$\frac{3}{5} \div \frac{2}{3}$の計算の仕方がまとめられたボードが黒板に出され、解法を見てしばらく近くの子と算数トークをした直後に、4班のヒロが5班の解法に質問することから話し合いが始まりました。

各班の解法を見合うことから始まる話し合い

　授業記録の右欄の◆は子どもの反応やつなぎ方に対する注釈です。◇は教師の働きかけに対する注釈です。

ヒロ　質問があります。5班の$\frac{2}{3}$に$\frac{3}{2}$をかけているのは？	◆質問する
T　何かを言ってあげるといいよ。 　　（間）	◇（質問を共有するために）間をとる
マサ　$\frac{3}{2}$は$\frac{2}{3}$の逆数で、この$\times \frac{3}{2}$というのは、この$\frac{2}{3}$を1にするためにかけました。	◆回答する（説明する）

C　つまり T　マサの言ったことはどういうこと？ （算数トーク） ミサ　つまり、わる数を整数にしています。 T　（挙手状況を見て）がんばれ。 アカリ　わる数の逆数をかけています。	◇（クラスで共有するために）確認の算数トークを促す ◆まとめる ◇励ます ◆言い換える

発言者の質問に対して、教師は間をとり発言者の質問をクラスの仲間に理解させる

　ヒロの質問が出されると、教師が間をとりました。数秒の間で十分です。クラス全員に共有させることをねらっています。その後、質問された5班のマサが回答します。

質問の回答の後に、算数トークをさせて、その回答（説明）をクラスの仲間が理解できるように間をとる

　マサの回答後に、確認の算数トークをさせると、ミサとアカリが「つまり」と言い換えています。

算数トークの後の子どもの反応をみる

　はじめは挙手できなかったアカリが挙手しているのを教師は見ていて、「がんばれ」と励ましました。アカリはミサに付け足して「わる数の逆数をかけています」と説明できました。

（２）つなぐ話し合いのための子どもの役割

　つなぐ話し合いを実現するには、子どもが聴いて考えてつなげることが欠かせません。ここでは子どもの話し合いにおける役割を説明します。

方法１と方法２を関連付けて説明する

　次の授業記録は（１）の授業記録の続きです。教師が５班の逆数をかける方法の説明を求めたところから始まります。

板書　逆数をかける T　これ（５班）を説明しましょう。 リカ　こっち（方法２）のグループみたいに３をかけたら２回３をかけてみてやったら、ここが２になりました。×２をしなくちゃいけなくて、はかせどんのやり方ではなくなってしまうので、こっちの $\frac{2}{3}$ の逆数をかけたら１になるということを前に学習したので、$\frac{3}{2}$ にしました。 （算数トーク） C　どういうこと？ T　表情を見ながら（話すよ）	◆方法１の説明（方法２と比べながら方法１のよさ（下線部）も含めて説明する） ◆確認の算数トーク ◆分からないの表明

ハルカ　なぜ$\frac{3}{2}$をかけたかというと、この逆数をかけたら1になるということは、前に学習しましたね。こっち（1班）は3をかけているので、答えが2になる。こっち（方法2）は、$\frac{3 \times 3}{5} \div 2$をして計算しないといけないけれど、こっち（5班）だったら$\frac{3 \times 3}{5 \times 2} \div 1$をして答えは同じです。1は考えなくてもいいですね。	◆リカの説明を仲間が理解できるように自分の言葉で繰り返す。
ヒナ　7班ので、ここは$\frac{2}{3}$を逆数にしたら$\frac{3}{2}$になる。逆数にしたら1になるけど、7班は（　）して、$\frac{2 \times 3}{3 \times 2}$しています。約分したらすべて1になって、÷1になる。	◆計算過程が分かりやすい7班のボードを使って、仲間が分かるようにハルカにつないで説明を繰り返す。
T　手をあげなかった人、<u>自分でも言えますか？グループで30秒相談しましょう。</u>	◇3人の説明を聞いて自分の言葉で説明できるように近くの子と確認の算数トークを指示する。
（相談）	
T　チカは手をあげてるよ。	
チカ　なぜ$\frac{3}{2}$をかけるかというと、$\frac{2}{3} \times \frac{3}{2}$をして約分をするとすべてが1になるので。	◆まとめる。
T　どっちの数を1にするの？	
C　わる数	
T　わる数を1にするために、わる数の逆数をかけました。	◇子どもの説明の後に教師が補足して板書する。
板書　$\frac{3}{5} \div \frac{2}{3} = \frac{3}{5} \times \frac{3}{2}$	

この授業記録には話し合いの基本パターンが見られます。

考えの説明 ⇒ 分からないの表明 ⇒ 補足説明 ⇒ 考えの確認の相談

このことについて授業記録に沿って説明しましょう。

自発的に複数の考え方を関連付けて説明する（スキル26）

黒板に出された複数の考え方を比べて、どちらの考えがよりよいか、同じと見られないかなどと関連付けて説明することは、かなりレベルが高いと考えられます。

　教師から、再度、方法1について説明を求められると、3班のリカが方法2と関連付けながら方法1の手際のよさを説明しました。

　3班はグループ学習で方法1と方法2を比べて方法1を班の考えとして選択したグループですから方法1のよさを分かっています。グループ学習での学びを全体の話し合いで生かしています。

「どういうこと？」のつぶやきが生まれる（スキル22）

　リカの説明後、教師が待って間をとると、「どういうこと？」というつぶやきがありました。

つなげて自分の言葉で詳しい説明を繰り返す（スキル24）

　すると自発的に2班のハルカがまわりを見ながら挙手しました。2班は線分図で考え、方法1の逆数をかける方法になった班です。ハルカは方法2の解法についてリカの説明を聴いて方法1のよさを理解した上で、自分で仲間に説明できると判断して、説明しています。この後、3班のヒナが5班のボードを使って、手際のよさを具体的な計算過程で説明しました。

　ヒナは仲間のハルカの説明をみんなに理解してもらうために、黒板で計算式を指し示しながら説明すべきだと判断しています。

グループ内で方法１の理解を確認し合う（スキル17）

　リカの説明がハルカとヒナによって補足説明が行われた後に、教師が相談をさせました。これは仲間の発言をクラスで共有させるために近くの子どもどうしで確認する相談です。そして、自発的に挙手したチカを教師はほめながら指名します。チカが自ら挙手して発言しようとしている姿を見逃さずに指名し、発表させています。この後、教師が簡単に補足説明して、この話し合い場面１は終了しました。

（3）発表された考えの理解を促す教師の声かけ

　子どもがある考えを発表した後に、聴いた子どもが自分の言葉で説明できるようになることが大切です。もし教師が解説してしまえば、自分の言葉で説明する必要はなく、子どもの聴く力は育ちません。

　方法１の説明が終わると「４班を聴きたい」という要求が出されました。４班のヒロが、聴き手に分かりやすく理解しやすいように順序立てて説明しました。教師の声かけに注目して授業記録を読んでみましょう。

ヒロ　$\frac{3}{5} \div \frac{2}{3}$ の $\frac{2}{3}$ が整数になれば計算できます。なので、この $\frac{2}{3}$ を整数にするために×３をします。そうするとどうなりますか？

C　　２になります。

ヒロ　２になります。わり算の性質でわる数とわられる数に同じ数をかけても答えは変わらないので、われる数の方にも同じように×３をします。すると、

C　　$\frac{9}{5}$

ヒロ　$\frac{9}{5} \div 2$ になります。$\frac{9}{5} \div 2$ は習っているので、$\frac{9}{5 \times 2}$ で、$\frac{9}{10}$ になる。$\frac{9}{10}$ はこっち（７班)の計算と同じようにもとの数のわられる数×わる数を逆数にした数になっている。

T　自信がなかったら「もう一度お願いします」を言いなさい。

C　もう一度お願いします。

チカ　$\frac{2}{3}$ は 3 が 2 個分で、3 かけて $\frac{6}{3}$ になって、これも（$\frac{3}{5}$ に）3 かけて $\frac{9}{5}$ にしました。$\frac{9}{5} \div \frac{6}{3}$ は整数に直すと、$\frac{9}{5} \div 2$ をして、分からない。÷ 2 は 5 × 2、分からない。

T　助けますよ。

トモ　$\frac{3}{5}$ をかける 3 すると $\frac{9}{5}$ になって、$\frac{2}{3}$ をかける 3 すると 2 になります。5 年のとき分数 ÷ 整数は習いました。$\frac{9}{5} \div 2$ は $\frac{9}{5 \times 2}$ で $\frac{9}{10}$ です。

分からないを言う指導と仲間を助けることの指導

　教師が「分からないこと」を伝えるように促すと、子どもから「もう一度お願いします」という要求が出たので、代わりにチカが説明を試みました。しかし上手に説明できませんでした。そこで教師が「助けますよ」を言うとトモが助けて、分かりやすく簡潔に説明し直しました。

（4）聴き手に伝わる子どもの話し方

　方法 3 の説明場面です。2 班のハルカの方法 3 の説明を見てみましょう。ハルカの話し方にはどんなよいところがあるでしょうか。

仲間の言いたいことを代わりに説明する

T　もう1つ方法があります。線分図の発表、きいてもらってもいいですか。

ハルカ　これ線分図なんだけど、$\frac{2}{3}$mは$\frac{3}{5}$kg。でも$\frac{2}{3}$mだと出せないので$\frac{1}{3}$mを出します。そうすると、$\frac{2}{3}$mを2等分して1つ分の$\frac{1}{3}$mです。だからその$\frac{2}{3}$mの重さ$\frac{3}{5}$kgを2等分したのが$\frac{1}{3}$mの重さなので、$\frac{3}{5}\div2$をしたら、途中式が$\frac{3}{5}\times2$になります。ここまで分かりますか？

C　え？

T　分からなかったら言いなさい。

C　もう1回言ってください。

ハルカ　$\frac{2}{3}$mを2等分すると、$\frac{1}{3}$m分かる？　重さも長さも同じなので$\frac{3}{5}$を2等分した1つ分が$\frac{1}{3}$mの重さです。

C　あー

C　分かりました。

ハルカ　それが$\frac{1}{3}$mの重さになるには、$\frac{3}{5\times2}$します。それが3つあるので、$\frac{3}{5\times2}\times3$をして、それをひっつけて、$\frac{3\times3}{5\times2}$になります。分かりますか？

C　はい。

ハルカ　これは、（÷整数の方法の式の）$\frac{3\times3}{5\times2}$と同じです。記号だと$\frac{b}{a}\div\frac{d}{c}=\frac{b\times c}{a\times d}$が分かりました。

T　公式導いてくれました。

聞き手の理解状況を意識した子どもの説明（スキル12）

　自分たちの考えが聞き手に伝わるように説明するには、相手の理解状況を確認したり、自分たちが難しいと考えたところをどのように克服したのかを説明したりするとよいです。

ハルカは、線分図で分かっていることだけですぐには１ｍの重さが求められないことを言い、つまり何が難しい点なのかを明らかにしてから、$\frac{1}{3}$ｍを出す必要があることを伝えます。これはグループ学習で解法の発見のきっかけとなりました。

　次に$\frac{1}{3}$ｍの重さを出すために$\frac{2}{3}$ｍの重さをもとに求めて、途中式$\frac{3}{5}$×２までを話して、聞き手の理解状況を確認しています。

仲間が分かるように説明を改善する（スキル12）

　ハルカの説明の後に教師が「分からない」を言う指導を行いました。すると「もう一度お願いします」が出されました。

　そこで、ハルカは「重さも長さも同じなので」を付け加えて、$\frac{1}{3}$ｍの重さは$\frac{2}{3}$ｍの重さを２等分すればよいことを繰り返します。これが３つ分で１ｍの重さになるから$\frac{3}{5 \times 2}$×３をして、$\frac{3 \times 3}{5 \times 2}$になることを説明しました。

発見を伝える説明（スキル26）

　解決後に解法を振り返り、よりよい考えを検討したり、いつでも使えるように解法を一般化したりすることは大切です。２班はグループ学習で発見した記号を使った分数÷分数の計算の仕方を発表しています。これを発表場面でもしっかりと伝えています。

3 統合的な考えを働かせてまとめをつくる

（1）共通点を見つける活動

　分数÷分数の計算の仕方についてグループ学習の結果、3つの方法が発表されました。これらの方法を比べて共通点を見つけます。

グループの仲間と共通点を相談する

　T　3つの方法が出ました。

（相談）

　カエデ　どんな方法にしろ、最終的には、$\dfrac{3 \times 3}{5 \times 2}$

　C　つまり

　マコ　わられる数×わる数の逆数になっています。

　C　もう一度言います。

　カナメ　つまり、わられる数×わる数の逆数になっています。

　板書　$\dfrac{3}{5} \div \dfrac{2}{3} = \dfrac{3}{5} \times \dfrac{3}{2} = \dfrac{3 \times 3}{5 \times 2}$

　　$\dfrac{b}{a} \div \dfrac{d}{c} = \dfrac{b}{a} \times \dfrac{c}{d}$

　方法1，2，3を見比べて、いずれも分数÷分数がわる分数の逆数をわられる分数にかける式になっていることが共通していることに気づか

せる場面です。振り返る活動で解法を統合する考えが指導できます。カエデは「どんなことにしろ、最終的には、$\frac{3}{5} \times \frac{3}{2}$、マコとカナメは「わられる数×わる数の逆数」と発言しています。

（2）学習を整理してからみんなでまとめをつくる

まとめの前に学習を整理する活動が大切です。この学習の整理は、問題１を解き直し、新しく学んだことや役だった考えを再確認することができます。その上で、どんな学びがあったのかを振り返り、まとめを子どもに作らせます。

グループでまとめを話し合う

T　まとめを書いてね。

C　１にした方がやりやすい。

C　逆数にした方がやりやすい。

タカ　まとめを発表しませんか？

チエ　分数÷分数も分数÷単位分数と同じように整数に直してできる。

オト　分数÷分数の計算の仕方は、分数÷単位分数のときのようにわる数を整数に直して求めることができる。

マサ　分数÷分数のときは分数÷単位分数と同じようにわられる数

　×わる数の逆数で求めることができる。
ユカ　タカに譲ります。
タカ　$\dfrac{b}{a} \div \dfrac{d}{c} = \dfrac{b}{a} \times \dfrac{c}{d}$です。

　よりよいまとめをつくるために仲間のまとめを聴いて、つなげてクラスとしてのまとめを協力して作り上げることが大切です。
　チエの発言には「同じように整数に直している」がありましたが、オトが「わる数を整数に直して」と詳しくつなぎました。さらにマサは分数÷単位分数と同じようにわられる数×わる数の逆数で求められると計算の仕方をまとめました。これをタカが記号で言い換えました。

（3）対話を楽しんだ子どもの振り返り
　授業の最後に本時の振り返りを子どもがクラスの仲間に話しました。この振り返りからも、クラスの誰一人取り残さないでみんなでできる、分かることを目指したことを実感していることが伝わります。

タカ　自分たちで、「つまり」「だから」とつなげることができました。
オト　分からない人がいたらみんなが協力して教えようとしました。
ハルカ　発表するとき、誰か困ったら声をかけて助けました。
ヒナ　分からない人がいたらいつもは先生から助けることを指示されるけど、自分たちで自主的に教え合いができました。
ユカ　たくさん話して分かる人がいつもより増えました。
アカリ　分からない人がいたら、最後まで全力を出して教えていたところがよかったです。

対話しながら考えが
変容する子どもたち

■ 授業の見どころ

　はじめは多くの子どもが8班の2mを超えないという主張を納得していません。分数で考えた4班の発表を契機に4年目までの分数計算式の和が2にならないことに気づくと、永遠に2mを超えない理由を図や式で説明しました。この章では、対話を通して考えが変容し、説明が洗練されていく子どもの姿を知ることができます。

■ 問題

　1mの木があります。1年後には50cm伸びます。2年後には前の年に伸びた長さの半分の25cm伸びます。3年後は2年後に伸びた長さの半分の長さが伸びます。この木はどこまで成長するでしょうか？

　この問題は、限りなくある値に近づくことを実感させる緑表紙教科書の問題です。$1 + \frac{1}{2} + \frac{1}{4} + \frac{1}{8} + \cdots\cdots$ を求めます。これを線分図に表すと、限りなく2mに近づくことが分かります。

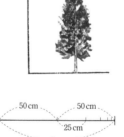

■ 授業展開

1　問題を把握する
2　問題を考える（個人→グループ）
3　話し合う
4　まとめる・振り返る

1 グループ隊形の個人学習とグループ学習

　問題を考える活動では、グループ隊形で最初の5分間は一人ひとりがこの問題に取り組みます。その後、個人解決の結果の交流をしながらグループで解法をボードにまとめます。

　個人学習の結果は「2mに限りなく近づくが、2mにならない」「2mを超えて永遠に伸び続ける」「1年後から高さを計算し表を作るが結論が出ない」の3つに分かれました。

　グループ学習は各自がワークシートを見せ合い、話し合いながら班の考えをまとめました。その結果「2mに近づく」と考える班と「永遠に伸び続ける」や「結論が出ない」班に分かれました。

　グループ学習の後、黒板にボードが出されました。4つの班のボードの解法を見てみましょう。

　8班のボードには、正方形を半分にし、さらにそれを半分にすることを繰り返したとき、それを集めるとどんな大きさになるかを考えた既習経験を生かして、本時問題の1年後$\frac{1}{2}$mの生長を正方形半分の大きさで表しています。既習を生かして木の生長問題を図形的に処理するよさ

があります。この考えが黒板に出されたときにはまだクラスの子どもの
多くは理解できない状態でした。

　6班は小数の計算式で考えてはいるものの、次の年は前の年の半分し
か伸びないことから生長分が1mにはならないから、限りなく2mに近
づくと結論を出しています。

　4班は他の班と違い、分数式で木の高さを求めています。「2m？」
と表記しているので確信はないと思われます。

　5班は表を作って小数計算をしていますが結論は出ていません。

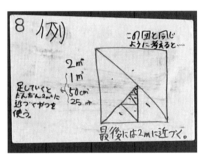

8班の解法

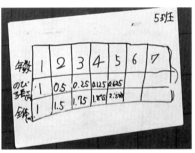

5班の解法

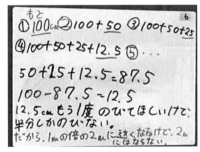

6班の解法

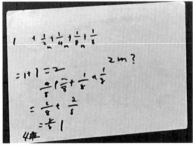

4班の解法

　黒板に出されたホワイトボードを見て、各グループの考えを読むことから話し合いが始まります。グループ学習の結果を踏まえて子どもがどのように話し合いを進めているかに注目して、次の授業記録を読んでみましょう。

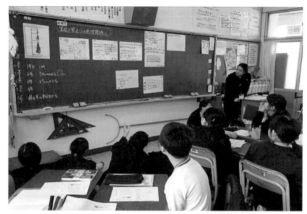

黒板の前に集まり、出された考えを読み合う

ヒナ　合計はほとんどの班が2mに近づくけど、2mにならない。

サキ　考え方が表の考え方と計算の考え方と折り紙の考え方がある。

ヨシ　8班を聞きたい。

ユウ（8班）　前にやった正方形を半分にしていってどうなるかを使ってやったの覚えていますか？ この正方形を最終的な長さにしてここを半分にしてこの半分が1mで、その半分がまた半分になると考えたら2mに近づくんじゃないかと考えました。

　　　（算数トーク）

ノゾミ　前回は正方形を切って、どんどん切ってこの正方形になるかという問題で結果的にならなかったので、2mに近づくんじゃ

ないかと思いました。（図をかいて説明する）

C　あー。

C　そういうことか。

　　（算数トーク）

T　自分の言葉で隣どうし言ってるね。

解法が書かれたボードを見て、子どもが8班の考えを聴きたいと要求する（スキル21）

　まず、ボードを眺めて答えや方法について気づいたことをヒナとサキが伝えています。さらにヨシからボードに図がかかれ、8班の説明を聞きたいという要求が出ました。

子ども自ら考えを分かりやすく説明しようとする（スキル12）

　この要求に対して8班のユウが既習と関連付けて説明をしました。既習問題（緑表紙教科書6年の最後の問題）の解法と関連付けて説明しています。ユウは問題の類似性に着目して考えるという類推的な考えを働かせていたと考えられます。そして8班のボードにかかれた図を指し示しながら分かりやすく説明しようとしました。

友達の説明の後、黒板に図をかきながら自分の言葉で説明する（スキル14、18）

　ユウに続いてノゾミが黒板に図をかいて、自分の言葉で説明しています。このことで8班の考えがクラス全体に伝わったようです。

仲間が黒板にかいた図を使って説明する

仲間の説明を聞いた子どもは近くの子どうしで考えを再確認するために自然に算数トークを始める（スキル17）

確認の算数トークをしている子ども

　教師が子どもが算数トークを始めたことをほめています。子どもの行動を見て、できている「学び合いスキル」を見つけたらほめることは、スキルを強化するために必要です。算数トークは仲間の考えを確認するのに有効です。また全員が話し合いに参加するためにも必要です。

3　8班の考えに対する異なる考えを表明する

　異なる考えを聞いたら、質問したり反論したり疑問を伝えたりするリアクションが大切なことを学び合いスキルとして教えます。

異なる意見を表明する

他のグループの考えを聞いて疑問や質問をする（スキル22）

　8班の考えに対して、リカとマサから異なる意見表明がありました。

> リカ　ちょっと質問なんですけど、正方形のやつで決められた紙の中でやっている。切ったやり方だけど、この問題は半分を積み重ねていくから違うのじゃないか。
>
> マサ　この問題は毎年その前の年に伸びた長さの半分だけ伸びるため、切った正方形を集めていく問題とは違って、どんどん増えていく問題だからいつか2mを超すときが来るので違うと思う。

　リカは正方形の中に詰めていく正方形の問題と上に積み上げていく木の問題の違いから結果も異なると考えています。

2mの導き方についての質問と回答

仲間の考えをもっと理解したいと思えば、仲間の説明を聴いて分からなかったことがあれば質問することが大切です。

説明を聴いたら、分からない点を質問して理解しようとする（スキル22）

2mの導き方を質問する

　2mに近づくが届かないという8班の考えが発表された後、それに対する2mを超えるという反論が出されました。その後、8班の説明を聴いたサキが「8班で正方形を半分ずつにどんどんしていくけど、最後は2mに近づくと書いてあります。でも、なんで2mって分かるんですか？」と2mがどこから出てきたのかが分からないことを、クラスの仲間に伝えます。これは「分からない」の表明になります。

仲間からの質問に仲間に問いかけ、黒板にかきながら子どもが説明する（スキル13、14）

黒板にかきながら説明する

　7班のトモはサキの質問に自発的に「6班のをもとにすると4年目は何mですか？　1年目は何mですか？」と仲間に問い、1年目が1mを確認してから、続けて2年目から7年目までの伸びた長さを問いかけながら、それぞれの伸びる長さ（2年目50cm、3年目25cm、4年目12.5cm、5年目6.25cm、6年目3.125cm、7年目1.5625cm、8年目0.78125cm）を板書しました。「これって1より小さいですね。すごく小さいですね。人の目には見えないくらい小さいけど、9年目、10年目はこの半分ずつ絶対伸びる。でもこの木は何mか分からないから7年目は最終的に何cmになりますか？」と問うと、クラスの仲間が計算して「198.4375」と答え、トモが「198.4375cmってだいたい何mに近いですか？」と問い返して2mを答えさせています。そして「この先は0.7825とか0.3……と続きます。すごく小さいから1cmに届くのに時間がかかる。だからだいたい2mじゃないかなと思います」と書きながら自分の考えを説明しました。トモのサキに対する回答は、クラスの仲間を巻き込んで分かりやすく説明しているところが優れています。

5　2mを超えるか超えないかを問い返す

　教師は子どもたちの話し合いを見守っていますが、話し合いを数学的に深めるためには方向づける働きかけをすることが必要です。ここでは、カギとなる長さが「2m」を超えるかどうかに焦点化させる必要があります。教師から「2mを超えますか？　超えませんか？」という問いが出されます。クラスの子どもの多くは2mを超えると考えていました。そして超えないと考えるヒナと超えると考えるモトが理由を話しました。

2mを超えるか超えないかを問い返す

ヒナ　2mは超えないという意見です。わけは、1年ごとに前の年
　　　に伸びた数の半分になる。だからこの数（0.78125）よりどんど
　　　ん小さくなる。だからもう伸びないと思う。

モト　超えると思う。7年目で198.4375です。8年目はまだ分から
　　　ないわけだから計算したら（実際に黒板で計算する）199.21875。
　　　9年目には何cm伸びますか？

C　　0.390625

モト　（9年目を計算して199.109375）最終的には200になるから
　　　2mを超えると思う。

---

6 分数の計算式を用いた4班の考えの発表

　教師が分数で計算式を表した4班のボードに注目させました。どの班をどこで取り上げるかは、深い学びの話し合いを実現するために重要です。次の4班のように分数の計算式で表すと、2を超えないことを示しやすいです。

$$1 + \frac{1}{2} + \frac{1}{4} + \frac{1}{8} = 1 + 1 = 2 \quad 2\,\mathrm{m}?$$

$$\frac{4}{8} + \frac{2}{8} + \frac{1}{8} + \frac{1}{8} = \frac{6}{8} + \frac{2}{8} = \frac{8}{8}$$

　4班の考えは4年後までの伸びた長さを分母8で通分して、$\frac{6}{8}$を導き、5年後ももし同じ$\frac{1}{8}$なら$\frac{8}{8}$になるはず。しかし、$\frac{1}{8}$ではないから2にはならないことを式のみで表しました。

　教師が4班に説明を求めると、ヒロが類推的な考えを働かせて既習をもとに（下線部参照）説明しました。

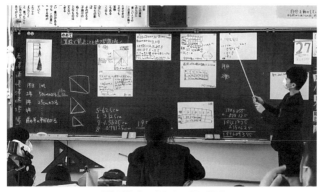

分数計算式で考えた4班の説明

　「1mを1としたとき、徐々に1mから$\frac{1}{2}$mと増えていくから最初に$\frac{1}{2}$mがたされる。その後、$\frac{1}{2}$をまた$\frac{1}{2}$にしたかったら$\frac{1}{4}$が増える。それと同じように$\frac{1}{2} + \frac{1}{4}$した後に、その$\frac{1}{2}$が$\frac{1}{8}$だから、<u>でも前に習ったように限りなく近づくのをやった。最後に正確に出すには全部でぴったりにはならないから、ここにあった数をもう1回たさないといけないをや</u>

りました。だからこれの数を全部たしてみたら1になるので、1＋1＝2になるから、だいたい2ｍ近くになるかと思う」

　この説明を聴いて、最初2ｍを超えると発言していたマサが「2ｍにならない気がした」と考えを変容させようとしています。

教師が考えるためのヒントを与え、算数トークをして考える間をとる

　4班の説明後に、4年目までの分数による式表示を書いてみせました。これは帰納的にきまりを見出すきっかけとなります。2年目から4年目まで式を板書してから算数トークを促しました。そして、5年目は答えを書かずに板書を終えました。

C　あー。
C7　超えない。
T　ヒロの話で気づいた？
T　板書　4年目　$1 + \frac{1}{2} + \frac{1}{4} + \frac{1}{8} = 1\frac{7}{8}$
C　おー。
T　何か気づいた？　話し合って。
（算数トーク）
T　板書　5年目　$1 + \frac{1}{2} + \frac{1}{4} + \frac{1}{8} + \frac{1}{16}$

7 きまりを見つけて2mを超えないことを説明する

　話し合いでは仲間の考えを聴いて考えることで、自分の考えが間違っていることに気づくことがあります。このとき、自分の考えの変容を伝えることでクラスの学びの質を高めることができます。2mを超えると主張していたマサが考えを変えて、2mに限りなく近づくことを仲間に説明します。

木の高さを求める分数の式からきまりを見つける

発見したことを自発的にクラスの仲間に伝えようとする（スキル16）

　コウが5年目の式を見て「5年目は $1+\frac{1}{2}+\frac{1}{4}+\frac{1}{8}+\frac{1}{16}$ になる。 $1\frac{15}{16}$ だから2にぎりぎりならない」と話した後に、クラス全員で6年目の式を教師に伝え、6年目の式 $1+\frac{1}{2}+\frac{1}{4}+\frac{1}{8}+\frac{1}{16}+\frac{1}{32}=1\frac{31}{32}$ が板書されました。

仲間の説明が途中でもその続きを代わりに説明する（スキル20）

　マサは板書された式から規則性に気づいて、7年目を予想して「次は $1\frac{63}{64}$」とつぶやきました。マサにつなげてユカが理由の説明をします。「だからここの1を隠したら $\frac{31}{32}$ は1に近い。だけど、ならないわけだから1に限りなく近くなるけどならないから……」。しかし、途中で話せなくなってしまい、同じグループのハルカが代わって説明しました。

　ハルカは「まず、$1\frac{7}{8}$ の1を隠し、$\frac{7}{8}$ になる。そしたら1は $\frac{8}{8}$ のことです。$\frac{7}{8}$ は $\frac{1}{8}$ を引いた数、ということは $\frac{7}{8}$ は1に近い。この1をもどして和が $1+1$ になれば、2に近づくけど、絶対に（分子が分母より）1個減った数になるので、絶対2mにならない」と説明します。さらに6班のボードを使って「ここに書いてあるように12.5cm。もう一度、伸びてほしいけど、その半分しか伸びない。つまり、前の年に伸びた数と同じ数だけまた伸びたら2mがくるけど、その半分しか出てこないため、永遠に2mにならない」と説明を繰り返しました。このように2年目からの伸びた長さが毎年1mにならないことを分子が分母より1小さいことを根拠に説明しました。

考えが変わったらそれを自ら伝える（スキル18）

　マサは仲間の発言を聴きながら自分の考えの誤りに気づき、他班のボードを使って、「永遠に2mにならない」ことを説明しました。黒板にある他の班のボードを使いながら仲間に説明していることから、黒板にあるボードは話し合い場面で思考を深めるツールとしての役割を果たしています。

8 子どものつながる説明で 8班の考えの理解が深まる

　子どもは、仲間の理解を確かなものにするためによりよい説明をします。最初からよい説明ができるわけではなく、説明し合うことで分かりやすい説明へ洗練されていきます。子ども自身で自分たちの説明を評価しているのです。この場面では、２mに限りなく近づく説明を繰り返し、深めていきます。

仲間に２mを超えない理由を自分の言葉で説明する

説明が途中で終わったときに自分から助けを求める（スキル７）

　前の場面に続いて、ユカがマサの説明を自分のグループの小数計算式を使って自分の言葉で繰り返して説明します。「うちらの班（6班）はマサの説明で12.5cmもう一度伸びてほしいと出したのは、１mの倍になるにはどれだけ伸びてほしいかを考えて、それだけ伸びたら２mを越すけど、その半分しか伸びないわけだから２mを越さない……助けてください」

途中で説明を終えた仲間を助けて、自分の言葉で言い換えて説明する（スキル20）

　ハルカは、ユカの説明を補うために、再度、言い換えて分数計算式を使って、2mにならないわけを説明しようとしました。先ほどよりも分かりやすく仲間を巻き込み、板書しながら説明しています。

ハルカ　もしこれで（5年目　$1 + \frac{1}{2} + \frac{1}{4} + \frac{1}{8} + \frac{1}{16} = 1\frac{15}{16}$）。ここに $\frac{1}{16}$ が来たら最後に $\frac{1}{16}$ をたしたら何になる？

C　2

ハルカ　（板書しながら）$1\frac{15}{16} = 2$m。でも $\frac{1}{16}$ ではなく、$\frac{1}{32}$ が来ます。（6年目）の $1\frac{31}{32}$ の次に $\frac{1}{32}$ が来たら2mになるけど、でも次に来るのは $\frac{1}{64}$ です。永遠にならない。

黒板に図をかきながら分かりやすく説明しようとしている（スキル14）

　ハルカに続いて、マサも図を用いて説明を繰り返します。

　「8班のかいた正方形を使います。まず、この正方形が2mだとします。まず、最初に1mです。2mにしたいけど、2mにするには後もう1個1mがほしいけど、50cmしか来ないから、もう1個50cmほしいけど、25cmし  か与えられないからというふうに、ほしい数の半分しか与えられないから永遠に正方形にはなりません」

　マサの変容が分かる発言です。最初誤って捉えていた正方形の図を生かして、正方形の半分の直角2等辺三角形を1mと見て説明できました。

マサが変容した背景には、話し合いの中で、4班の分数計算の説明を聴いたこと、教師の考えるヒントをもとに1年目から5年目までの分数計算の結果からきまりを見出したこと、ユカ、ハルカの分数計算による2mにならない説明を聴いたこと、自分で6班のボードを見て小数計算で2mにならない説明をしたことが影響していると考えられます。つまり、聴き合い考え続けて話し合いに参加することで変容し、深い学びができたと考えることができます。

ともに学ぶよさを実感する振り返りを書く（スキル29、30）

　次の振り返りは話し合いで起点となった8班のユウの振り返りです。

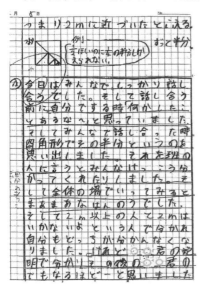
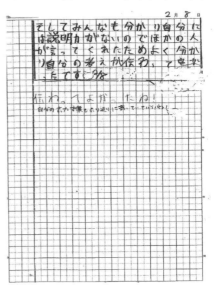

　グループ学習では、彼が類推的な考えを働かせて既習学習を思い出し、正方形を半分にする操作を繰り返していくことと同じではないかと伝え、それを班の考えにまとめられたこと、自分たちの考えが全体の話し合い場面では自分の説明力がなくて十分に伝わらなかったこと、しかし、仲

間のヒロやマサがこの考えを分かりやすく説明してくれて、みんなが理解してくれたことの喜びが書かれています。

　このユウの振り返りを読んだノゾミは「伝わってよかったね！自分の言った言葉がふりかえりに書いていていいね」とコメントしています。これは仲間との振り返りで、仲間の振り返りのよいところを見つけて知らせているのです。

　次の振り返りは、板書された分数計算式を指し示しながら永遠に2mにならない理由を分かりやすく説明したハルカが書いたものです。ハルカは4班の分数計算式による発表を聴いて自分の考えが変容したこと、そしてその変容自体が面白かったと書いています。

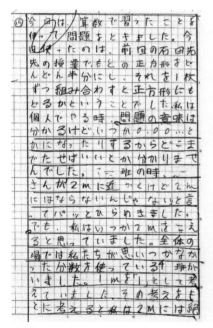

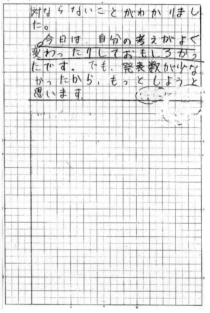

子どもが話し合いを進めるチーム学習のある授業

■ 授業の見どころ

　2つのグループが1つのチームを作り、子どもどうし話し合いながら2つのグループの考えを比較検討して結論を導くチーム学習を仕組んだ2時間扱いの授業を取り上げます。チーム学習では共通点や相違点を話し合った後、統合的な見方に関わる発言がチーム学習の話し合いの起点となって仲間の理解が深まる話し合いが行われます。

■ 問題

　問題1「3人でじゃんけんをします。何通りの出し方がありますか。」、問題2「1，2，3の数字カードがそれぞれたくさんあります。3けたの整数は何通りできますか。」が与えられました。2つの問題を統合的にみて、同じ問題構造であることが理解できることを本時目標とした授業です。

■ 授業展開（2時間扱い）

　（1時間目）

1　問題提示　2つの問題を提示する

2　各グループが問題1または2を選択して、グループ解決し、ボードに解法をまとめる

3　グループ解決の結果を振り返り、チーム学習の目的を決め、報告し合い、チームを決定する

4　チーム学習をして、ボードにチームとしての考えをまとめる

5　チーム学習の整理を各自が行う

　（2時間目）

6　チーム学習の結果を発表し、クラス全体で話し合う

7　学びの振り返り

1 チーム学習のねらいとチームの作り方

　チーム学習とは、グループ学習後に２つのグループが目的を持って１つのチームを作り、互いの解法をもとにして話し合い、チームとしてまとめる協同学習です。グループ学習の結果に基づいてチーム学習の目的を自己決定し、相手グループを選んで対話的な学びを主体的に行い、深い学びに導くことを目指しています。

　１班、３班、５班、７班が問題１の、２班、４班、６班、８班が問題２の解決に取り組みました。

6班のグループ学習

6班のボード

7班のグループ学習

7班のボード

　グループ学習による問題解決の結果を振り返り、解決できなければできたグループに教えてもらいたい、解決できたグループは別解を考えた

グループと交流して解法を比較検討したいなど、チーム学習の目的を子どもに決定させます。そのために、教師はグループの解決状況やチーム学習の目的を各グループに聞きます。

【子どもが作るチーム学習の目的】

1班　同じ問題1の班と解法の違いを知りたい。

2班　自信がないので問題2ができている班と組んで理解したい。

3班　異なる問題の班と解法を比べたい。

4班　自信がないので問題2ができている班と組んで理解したい。

5班　問題1で違う考え方がないか比べたい。

6班　2つの問題の共通点、相違点を考えたい。

7班　問題1ができた班と組んで確かめたい。

8班　問題2が分からない班と組んで教えたい。

各班は自分のグループ解決の結果を振り返り、さまざまなチーム学習の目的を持っていました。黒板には報告された各グループの解決状況やチーム学習の目的が書かれて、目的に応じて2つのグループで1つのチームが作られました。

問題1の別解を考える目的で1班と5班がチームを作りました。2つの問題の解法を比べる目的で3班と8班がチームを作りました。問題2の解決に自信がない2班と4班がチームを作り、解法を確かめ合うことにしました。7班は問題1と問題2の解法の共通点や相違点を明らかにしたいとする6班とチーム学習をすることになりました。

以下では6班と7班のチーム学習の様子を場面ごとに見ていきます。6班はユカ、カナメ、チエの3人です。7班はモト、ヨシ、タカ、トモの4人です。

2 チームで共通点と相違点を話し合う

チームで互いの解法を見合い、話し合う

場面❶ 何から話し合うかの相談

　6班と7班のボードの解法を出すと、カナメが互いの班のボードを見て答えが27通りで同じと言いました。すると、ユカは「なんで？」と別々の問題の答えが同じなのはどうしてなのかと仲間に質問しました。すると、カナメは「だってこっち（問題1）はあいこがあるかもしれないから」と答え、「共通点を見つけませんか」とこれから話し合うテーマについて提案しました。ユカは「共通点は最後でいい」と言い、カナメは相違点と答えました。2人のやりとりを聴いていたモトは互いの考えを聞きたいと提案し、タカが「互いの説明から始めよう」と発言して話し合いが始まりました。

　気づきの発言をきっかけに話し合うテーマの提案が出されましたが、別の班の子から互いの班の考えの説明を聞くことから始めることが、再提案されました。子どもどうしで話し合いの進め方に関するやりとりが自主的に行われています。

まず、6班の考えの説明が、カナメから行われました。

「1，2，3のカードがそれぞれたくさんあるので、重なって1，1，1があるから、まず（百の位の）1から（十の位に）1，2，3とあって、その後に（一の位に）1，2，3，1，2，3，1，2，3と分けていって、それが3つあるからこの状態では9通りあって、それが3つあるから9×3＝27　27通りとなりました」

続いて、7班の考えをモトが説明しました。

「問1では、グー、チョキ、パーで3通りある。あいこになる可能性があるから最初にグーを入れ、その後チョキ、パーとします。そのときグー、チョキ、パー、グー、チョキ、パーを入れていくと、それが9つある。3つあるので、9×3＝27　27通りです」

4チームによるチーム学習

カナメが「先に何から見つけたいですか？　共通点、相違点？」とメンバーに投げかけると、ヨシが「共通点」と答えました。

5章

子どもが話し合いを進めるチーム学習のある授業

105

まず、モトが「グー、チョキ、パーってあるじゃん」と話し始めました。これを聞いて即座にカナメは「同じ数をたくさん使っている」と反応しています。しかしモトは「ちょっと待って、グー、チョキ、パーってあるじゃん。こっちは１，２，３じゃん。グーを１に当てはめてチョキを２に当てはめてパーを３に当てはめたら」と自分の考えを説明します。この発言に続けてユカは「同じまったく」と続きを発言しました。カナメやユカはモトの言いたい結論をモトの話を聴きながら考えて反応しているようです。モトはユカの発言「まったく答えが同じになる」を繰り返して、答えが同じになる理由を「置き換えたときにこれと同じようになるから」と説明しました。

　モトは２つの問題の解法を見比べて、１，２，３とグー、チョキ、パーが対応していて繰り返されるから、置き換えたら同じ答えになることを主張しています。２つの問題の類似性に気づいているようです。

　この発言を聴いたトモは「式も同じだよ」と付け足して、モトの説明を補完しました。トモは２つのボードを見比べて、式がまったく同じであることに気づいて仲間に伝えたのです。モトの説明はトモの気づきの根拠を与えています。２人の気づきにタカ（７班）は「すごい」と素直に驚きを伝えています。

　今度は６班のカナメが「（ボードの樹形図の１を指して）普通の樹形図ではここは百に（１が）来ているので（他の位は１は）使わないけど」と話し、ユカは「使わない」を繰り返しました。一緒に考えながら聴いているので、説明を聴いて理解したから復唱していると考えられます。カナメはこれを繰り返して「使わないけどどっちとも使っている」と最初の自分の主張「同じ数をたくさん使っている」を分かりやすく繰り返しました。これは「繰り返して使える」という条件に関する発言で、２つの問題の共通の条件であることを指摘しています。この気づきにもタカは「すごい。よく気づいたね」とほめています。

　カナメに続いて、ユカは「こっち（問題１）はたくさん使っているか

らで、こっち（問題2）は3つの可能性がある」とカナメの説明に付け足します。ユカは問題2でもあいこがあるから、例えばグー、グー、グーであいこになればグー、チョキ、パーが繰り返されることを付け加えました。これを聴いてカナメは、ユカの3つの可能性という言葉を具体的に「あいこだね」と補完しました。ヨシは「つまりどっちも（百、十、一の位のいずれにも同じ）数がある」とカナメの気づきを確認しました。

続いて、トモが「図が（数字とじゃんけん）異なるから見つけやすい」と異なる記号で表現された2つの樹形図の比較がカナメの気づきに役立ったことを話しました。トモは話し合いの中で、何がカナメによる共通条件の発見に役立ったのかを考えて伝えています。聴いて考えたトモも深い学びをしていると言えます。

場面❹　相違点を話し合う

2つの問題の違いとして、タカはグー、チョキ、パーと数字をあげると、カナメが「ここの記号が違う」と言い換えました。

共通点と相違点の話し合いが終わると、6班のカナメが「同じだよね。だいたい」と言うと、同じ班のユカも「だいたい同じ。同じだね。置き換えるから一緒」と同じ理由を数字1，2，3とグー、チョキ、パーを置き換えることで同じであることを補足しました。これを聴いた7班のタカは「答えが一緒だと、だいたい同じ」と発言しました。しかし、この発言に対して即座にユカは「答えの話じゃなくてやり方が一緒」とタカの発言を修正しました。ここにも発言の妥当性を考えながら仲間の話を聴いている姿が見えます。ヨシもユカの修正に「そうかもしれない」とうなずいていました。この後、ボードに共通点と相違点をまとめました。

3 モトの統合的な考えをめぐる チームの話し合い

「同じ問題と見ることができる」について話し合う

場面❺ 「同じと見ることができる」の意味について話し合う

　次の個人別発話記録1は、共通点と相違点をボードに書いた後の発話記録です。チームでまとめた相違点を眺めていたモトが「置き換えてみると同じ問題とみることができる」とボードに書きながら自分の発見を仲間に伝えます。モトの発見には統合的な考えが働いています。「同じ問題とみることができる」が、この後のチームの話し合いの話題になります。ユカ、カナメ、チエは6班です。モト、ヨシ、タカ、トモは7班です。

チームでまとめた共通点・相違点

108

6班と7班のチーム学習の発話記録1

ユカG6	カナメG6	チエG6	モトG7	ヨシG7	タカG7	トモG7
			①置き換えてみると同じ問題とみることができる			
	②だって記号のところも百、十、一を		③同じ問題とみることができる			
	④え？同じ樹形図になる		⑤同じ問題とみれる			⑥問題は同じじゃん
			⑦同じ？			
	⑧同じ樹形図	⑨置き換えられるでいいよ				
⑩同じになるでいいんじゃない					⑪同じ樹形図でいいじゃん	
			⑫問題にみれる			⑬問題？問題は同じじゃん
			⑭問題は違うよ		⑮近い問題になるでいいじゃん	
			⑯近い？同じじゃん			
	⑰同じと言っても樹形図が同じ					

　モトの提案にカナメは「だって記号のところも百、十、一を」と言いかけましたが「同じ問題とみることができる」の意味が分からないよう

です。モトは「同じ問題と見ることができる」を繰り返すと、カナメは「え？ 同じ樹形図になる」と提案を修正します。再びモトは「同じ問題とみれる」と自分の主張を繰り返します。カナメには、視覚可能な2つの問題の樹形図が同じでしかなく、問題構造の同一性を捉えたモトの統合的な考えが分かりません。

トモもこの提案が理解できずに「問題は同じじゃん」と言います。トモは「みることができる」の意味が分からなかったのです。問題1と問題2を包含して同じタイプの問題として捉え直すという統合的な見方を理解することの難しさを示すやりとりです。目の前にある問題1と問題2以外を考える必要性がないと考えているからです。

カナメは「同じ樹形図」と解法の共通性を主張し続けました。同じ6班のチエは「置き換えられるでいいよ」と実際に自分たちが1, 2, 3をグー、チョキ、パーに置き換えると同じ樹形図になり、式と答えも同じになることから「置き換えられる」という修正意見を出しました。これにユカが「（置き換えられるから解法が）同じになる」とつなげました。ボード上の樹形図はどちらも記号が違うだけで同じです。ユカやチエは、2つの問題は「解法が同じである」と考えています。

これらのやりとりを受けて、タカは「同じ樹形図でいいじゃん」と具体的な図に注目しています。しかし、再びモトは「同じ問題にみれる」と主張し、ボードにかき始めます。このとき、トモは「問題は同じじゃん」と再び自分の主張をしますが、モトは「問題は違うよ」と反論し、タカは「近い問題になるんじゃない」とトモの意見を「近い問題」と修正します。モトは「近い？ 同じじゃん」と問題構造の同一性を主張し続けました。カナメは、まだ「同じと言っても樹形図が同じ」と「図が同じ」という自分の主張を繰り返します。

ここまでの話し合いから7班のモトの気づき「同じ問題とみることができる」に対して、他のメンバーから異なる意見表明が出され、活発な話し合いが行われたことが分かります。カナメの「同じ樹形図になる」、

チエの「置き換えられる（から同じ問題）」やユカの「（解法が）同じ問題になる」は、2つの問題の共通点に関する意見です。これらの共通点からモトは統合的に2つの問題を捉え直していますが、チームの仲間にはまだ理解されません。同じ解法になるという理解のレベルでとどまっています。

場面❻ モトの考えをチームで共有する転機

　チーム学習の発話記録1に発話記録2が続きます。この場面はユカの提案から始まり、モトの主張が仲間に理解されていきます。

6班と7班のチーム学習の発話記録2

ユカG6	カナメG6	チエG6	モトG7	ヨシG7	タカG7	トモG7
⑱じゃ、それをもう1問するとして㉑27通りは同じでしょ		⑳置き換えてみると	㉒みることができる ㉓みることができる。でも同じ問題とは言っていない		⑲でも違う問題でもあるよ ㉔同じ問題とみる	

㉖なんで、できるん？		㉕みることができる			
		㉗1がグー、2がチョキ、3がパー			
㉙同じ問題とみることができる			㉘みることができるがあるのとないので何が違うの？		
		㉚同じ問題とみることができる			㉛あ、分かった
㉜同じ問題とみることができる					

　ユカが「じゃ、それをもう1問するとして」と、新しい視点を提起しました。すると、タカが「でも違う問題でもあるよ」と別の文脈の問題であることを補足し、仮定した別の文脈の問題を対象として、チエは「置き換えてみると」と言い、ユカは「27通りは同じでしょ」と続け、モトは「同じとみることができる」とつなげました。タカ、チエ、ユカは仮定した問題でも同じ解法の問題になれば同じ解法タイプ、すなわち同じ問題構想の問題ができると考えられたようです。そして「みることができる。でも同じ問題とは言っていない」と言い直すと、タカは「同じ問題とみることができる」を復唱しました。

　モトが「見ることができる」を繰り返すと、カナメが「なぜ、できるの？」と質問して「分からない」ことを表明しました。モトは「1がグー、2がチョキ、3がパー」と共通点の話し合いでモトが主張した置き換えると答えが同じになることを、具体的に回答しました。カナメはモトの回答をきいて、「同じ問題とみることができる」と言い、トモも

「あ、分かった」と言って自分の変容を仲間に伝えました。

　最初は話し合いがかみ合いませんでしたが、ユカの提案で別の問題を仮定して考えたことやモトが再度「置き換える」を具体的に説明したことで、他の仲間も「同じ問題とみることができる」の意味が理解できたようです。仲間の考えを探索的に理解する話し合いのプロセスにおいて、主張を辛抱強く繰り返しながら改善したり、主張を粘り強く考えたりすることが大切なことを示しています。

4 チーム学習後のクラス全体の話し合い

　チーム学習後に４チームのホワイトボードが黒板に出されました。１チーム３枚のボードのうち２枚は２グループの学習の結果をまとめたもので、３枚目がチーム学習の結果をまとめたものです。

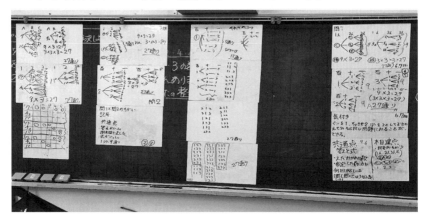

（１）６班と７班のチームの発表

６・７班チーム学習の成果を発表する

114

タカ　僕たち6班と7班は問題1と問題2を比べて共通点、相違点を見つけるためにチームを組みました。7班はグー、チョキ、パーの問題をやりました。グーが最初に来たとき、次に何が来ますか？ グー、チョキ、パーを出して2人目をグーとします。3人目はグー、チョキ、パーが出たとして、グーで、グ、グ、グでいい。そのまま続けて9通りになって、それは3つあるから27通りになりました。

カナメ　6班は問題2で、もし百の位に
　　1が来たら十の位に1，2，3が来ま
　　すね。十の位に1が来たら、一の位に
　　1，2，3が来ますね。なぜ同じ数を
　　使っていいかというと、1，2，3が
　　たくさんあるから使っていいからで
　　す。ここの1つの樹形図、百の位に1
　　が来たときは、9通りで、2，3のと

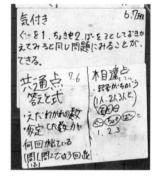

きも9通りになるので、9×3で27通りになります。

モト　問題1と問題2を比べて気づいたんですけど、グーを1とみて、チョキを2とみて、パーを3とみて置き換えてみると、問題1と問題2は同じ問題とみることができることに気づきました。

タカ　共通点を見つけて、答えと式が6班、7班で一緒で、枝分かれの数も同じでした。その仮定した数が何回も出ているのが同じです。

　　相違点はそれぞれ記号が違いました。問題1のここの記号が1人（目）、2人（目）、3人（目）だけど、問題2では百、十、一になって、問題1ではグー、チョキ、パーが、問題2では1，2，3になっています。

6班7班の説明は、チーム学習で互いが取り組んだ問題1と問題2の

解法の説明、共通点、相違点の話し合い、さらにこれを振り返り気づいた発見を論理的に説明できています。互いの異なる問題の解法の理解がなされていること、普通の授業であれば話し合いで教師から問われる共通点や相違点の話し合いが自分たちで自発的に行われ、まとめられていること、さらに2つの問題を統合的にみることができることを発見したということが説明されています。

　2つのグループが1つのチームを作り、話し合う活動を仕組みましたが、これはクラス全体の話し合いの縮小版です。チーム学習の様子を見ると、子どもに自分たちの話し合いを任せることができるのではないかと思います。

（2）6班と7班のチームの発表後のクラスの話し合い

　この説明の後、6班7班チームの気づきに対する算数トークが始まります。そして他班の子どもから質問が出されます。

6班7班チームの気づきをクラスで共有する話し合い

コウ　（6班7班チームの）気づきはどういうこと？
T　なぜ、同じ問題にみることができるかって？
ヒナ　この気づきは、もし記号が一緒だったら同じという見方が書いてあることがすごいと思いました。

T　なんでこれが素晴らしいと思ったの？

ヒロ　違う問題で樹形図が同じということに気づいて、そこからなぜ同じなのかを考えたことを分かりやすくまとめている。

T　もう少し詳しく。どう見たら同じにみえるの？

　　（間をとる）（相談）

オト　場所（百、十、一）を正確にする。こういう（1人、2人、3人、百、十、一を指して）場所を正確にする。記号や出し方を変えたりしたら同じ見方ができるということだと思う。

トモ　ここに書いた通り、グーを1、チョキを2、パーを3とすれば樹形図と下の方の計算が同じになって、ここを変えるには1人目、2人目、3人目を百、十、一の位にすれば同じ問題になります。

　コウの質問に対して、6班7班チーム以外の子どもが回答しています。ヒナは「記号が一緒なら同じという見方」が書かれていることを話しています。まだ具体的な説明ではありません。そこで、教師が理由をたずねます。すると、ヒロが別々の問題でも樹形図が同じになることに気づいて、なぜ同じなのかを考え、まとめていることを指摘できています。教師はこれをクラス全体に共有させるために「もう少し詳しく。どう見たら同じにみえるの？」と相談を促しました。

　オトは「場所」に注目すれば同じにみえると、自分の考えを話しました。この場合の「場所」は1，2，3やグー、チョキ、パーを書く場所です。したがって、百、十、一の位と1人目、2人目、3人目とを対応させて、繰り返し使われる数字やじゃんけんの出し方がそれぞれ3種類あることを説明しようとしています。まだ分かりにくいです。そこで、6班7班チームのトモが、オトの説明を補足して分かりやすく説明しました。

授業の最後に一人ひとりが学びを振り返りました。そして自分の振り返りを発表し、クラス全員で仲間の振り返りを共有することができました。

3人の子どもの振り返りを紹介します。

モトの振り返り

カナメの振り返り

マコの振り返り

モトは2グループで異なる問題の解法を比較して話し合うチーム学習のよさを振り返りに書いています。

　カナメはチーム学習の話し合いで自分の考えが変容し、理解できたことを書いています。

　マコは他のグループとの交流で別解として表で考えた結果、自分たちが最初に考えた樹形図の方法が簡単であることが分かったことを書いています。マコの振り返りからは、6班7班チームの発見「同じ問題としてみることができる」についての納得し、この授業で考えが深まったことに満足していることが分かります。

振り返りをノートに書く

振り返りを発表する

【著者紹介】

石田　淳一

京都大学教育学部卒、筑波大学大学院教育研究科修了、同教育学研究科退学後、愛知教育大学助教授、筑波大学教育学系講師、横浜国立大学教育学部教授を経て、現在東京家政大学家政学部児童教育学科教授。学術博士。2002年度英国オックスフォードブルックス大学にて在外研究。全国各地の小学校で指導講演を行っている。

主編著『活用力を育てる算数授業』『20日間でできる 学び合いスキル30の算数指導』（いずれも東洋館出版社）、『子どももクラスも変わる！「学び合い」のある算数授業』『「学び合い」で必ず成功する！小学校算数「割合」の授業』『聴く・考える・つなぐ力を育てる！「学び合い」の質を高める算数授業』『「学び合い」の算数授業アクティブ・ラーニング』（いずれも明治図書）などがある。

対話を楽しみ、学びを深める算数指導

2021（令和3）年9月21日　初版第1刷発行

著　　者　　石田淳一

発行者　　錦織圭之介

発行所　　株式会社　東洋館出版社
　　　　　〒113-0021　東京都文京区本駒込5-16-7
　　　　　営業部　TEL 03-3823-9206／FAX 03-3823-9208
　　　　　編集部　TEL 03-3823-9207／FAX 03-3823-9209
　　　　　振替　　00180-7-96823
　　　　　URL　http://www.toyokan.co.jp

装　　丁：mika

印刷・製本：藤原印刷株式会社

ISBN 978-4-491-04621-1
Printed in Japan　043777